"两区三厂"建设安全标准化指南

Guidelines for Safety Standardization in the Construction of "Two Districts and Three Factories"

交通运输部安全与质量监督管理司　组织编写

人民交通出版社股份有限公司

北　京

图书在版编目（CIP）数据

"两区三厂"建设安全标准化指南 / 交通运输部安全与质量监督管理司组织编写. — 北京：人民交通出版社股份有限公司，2021.11
ISBN 978-7-114-17654-8

Ⅰ.①两⋯　Ⅱ.①交⋯　Ⅲ.①道路工程—工程施工—标准化管理—指南　Ⅳ.①U415-62

中国版本图书馆 CIP 数据核字（2021）第 239332 号

"Liangqu Sanchang" Jianshe Anquan Biaozhunhua Zhinan

书　名：	"两区三厂"建设安全标准化指南
著　作　者：	交通运输部安全与质量监督管理司
责任编辑：	刘永超　王海南
责任校对：	孙国靖　扈　婕
责任印制：	张　凯
出版发行：	人民交通出版社股份有限公司
地　　址：	（100011）北京市朝阳区安定门外外馆斜街 3 号
网　　址：	http：//www.ccpcl.com.cn
销售电话：	（010）59757973
总　经　销：	人民交通出版社股份有限公司发行部
经　　销：	各地新华书店
印　　刷：	北京市密东印刷有限公司
开　　本：	880×1230　1/16
印　　张：	5.75
字　　数：	110 千
版　　次：	2021 年 11 月　第 1 版
印　　次：	2023 年 4 月　第 2 次印刷
书　　号：	ISBN 978-7-114-17654-8
定　　价：	60.00 元

（有印刷、装订质量问题的图书由本公司负责调换）

《"两区三厂"建设安全标准化指南》编审组

审定组

组　　长：黄　勇
副 组 长：黄成造
成　　员：刘永忠　邵　宏　杨黔江　王　瑜　蔡　杰
　　　　　李俊峰　赵河清　王庆波　李荣均　刘元泉
　　　　　陈尚和　罗海峰　桂志敬　宋轶骏

编写组

高艳辉　吕大伟　王　超　王玉文　侯志强　汪家雷　谢兼量
石开荣　陈明晓　祁　凯　黄　觉　刘韶新　赵　刚　曾　宇
邹　南　王学武　袁三发　刘　勇　赵明雄　聂　东　鲁　翼
周维嘉　张德喜　宋　迪　吴广平　刘康云　焦兴华

序

"十三五"期间是交通基础设施发展、服务水平提高和转型发展的黄金时期。当前，我国交通基础设施建设规模总量大，交通建设正处于施工高峰期，安全生产风险大、形势严峻、任务艰巨。因此，要深入贯彻落实党的十九大精神，以习近平新时代中国特色社会主义思想为指导，认真落实党中央、国务院决策部署，坚持以人民为中心，牢固树立安全发展理念，深化平安交通建设，推动改革创新，健全安全体系，坚决遏制生产安全事故，为建设交通强国提供坚实可靠的安全保障。

品质工程是践行现代工程管理发展的新要求，追求工程内在质量和外在品位的有机统一，以"优质耐久、安全舒适、经济环保、社会认可"为建设目标的公路水运工程建设成果。一直以来，交通运输部始终坚持质量第一、安全至上的理念，落实交通强国战略部署，全力推进品质工程建设，全面提升交通建设质量安全水平，更好地满足经济社会发展和人民群众安全便捷、高效出行的需要。

2018年2月1日，交通运输部办公厅印发了《品质工程攻关行动试点方案（2018—2020年）》，开展为期3年的品质工程攻关行动，旨在解决公路水运工程建设重点领域的突出问题，提炼、推广先进工程技术管理经验，完善有关工程质量安全技术标准，全面提升工程质量安全管理水平。此次攻关行动围绕"两区三厂"（生活区、办公区、钢筋加工厂、拌和厂及预制厂）建设安全标准化、桥梁预制构件质量提升、隧道施工质量安全管控能力提升、工程质量安全技术"微创新"、施工现场安全防护设施标准化、施工班组规范化管理等6方面攻关任务，分阶段形成品质工程建设质量安全管理制度或技术要求。

为切实保障交通建设安全生产形势持续稳定，针对行业内"两区三厂"安全生产事故案例，达到举一反三、吸取教训的目的，全面提升"两区三厂"安全管理水平，明确安全管理责任，我司组织广东、四川、辽宁等地相关单位和人员，并依托试点项目和试点企业编写了《"两区三厂"建设安全标准化指南》（以下简称《指南》）。

《指南》明确了"两区三厂"选址、规划、设计、建设、拆除、验收、运营、维护、应急等方面的具体要求，是对我国各地区"两区三厂"安全标准化建设成熟经验和管理创新的总结和提升，是深入建设品质工程的实际体现，是实现交通运输事业健康发展的重要举措。

全面推动"两区三厂"建设的标准化、规范化，提升施工现场安全水平，为"平安百年品质工程"建设打好坚实基础，为加快建设交通强国，建设一流交通运输基础设施提供强力支撑。

交通运输部安全与质量监督管理司
2021年7月

前　言

《"两区三厂"建设安全标准化指南》（以下简称《指南》）针对我国交通运输工程"两区三厂"易发生群死群伤类事故的现状，尽可能与国际、国内现行的相关标准接轨，以本质安全为主线，坚持问题导向和目标导向，是对《高速公路施工标准化技术指南　第一分册　工地建设》中选址条件、建设标准和布局相关要求的重要补充，也是对典型事故案例教训得到经验的总结和提炼。

《指南》实施后，将为"两区三厂"安全标准化建设提供技术支撑，填补原有规范、指南中选址条件、建设标准和布局安全方面的空白，规范了选址和地质灾害危险性评估程序，界定和明确了相关建设指标，给出了计算范例，大大改进了原有"两区三厂"的标准不一、良莠不齐的建设现状，为参建各方提供了一个新的导向。

本《指南》主要起草单位为广东惠清高速公路有限公司、中铁四局集团有限公司和广东省长大公路工程有限公司，参加起草单位为四川仁沐高速公路有限责任公司、辽宁省交通建设管理有限责任公司、四川公路桥梁建设集团有限公司、中铁十一局集团有限公司，技术支持单位为交通运输部科学研究院、交通运输部公路科学研究院、中国公路建设行业协会、中国交通建设集团有限公司。

鉴于编写时间较为紧迫，且限于编者水平有限，如有不当之处，敬请广大读者批评指正！

本书编写组
2021 年 7 月

目 录

1 总则 1
2 基本规定 2
3 选址 3
   3.1 一般规定 3
   3.2 选址初筛 3
   3.3 地质灾害危险性评估 5
4 规划 6
   4.1 一般规定 6
   4.2 管理要求 6
   4.3 技术要求 7
   4.4 规划示例 12
5 设计 14
   5.1 一般规定 14
   5.2 装配式轻钢结构活动板房 14
   5.3 轻型钢筋加工厂 17
   5.4 储料罐钢筒仓 22
   5.5 储料仓隔墙 25
6 建设与拆除 28
   6.1 一般规定 28
   6.2 安拆单位资质 29
   6.3 安全管理措施 29
   6.4 拆除后手续办理 30
7 验收 31
   7.1 一般规定 31
   7.2 过程验收程序 31
   7.3 使用验收程序 31
8 运营、维护与应急 33
   8.1 一般规定 33
   8.2 运营 33
   8.3 维护 37

  8.4 应急 ·· 38
附录 A 不良地质判别表、初筛表 ·· 39
附录 B 选址工作程序框图 ·· 44
附录 C 计算实例 ··· 45
附录 D "两区三厂"使用前验收表 ·· 71
附录 E "两区三厂"定期检查表 ··· 79

1 总则

1.0.1 "两区三厂"是指公路工程建设项目中的生活区、办公区、钢筋加工厂、拌和厂及预制厂。

1.0.2 为加强"两区三厂"安全管理工作,明确安全管理责任,规范建设管理程序,强化安全技术管理要求,制定本指南。

1.0.3 本指南适用于经依法审批、核准或者备案的高等级公路(高速公路、一级公路)工程建设项目中"两区三厂"的建设管理工作,其他等级公路工程建设项目"两区三厂"的建设可参照本指南相关要求执行。

1.0.4 "两区三厂"建设除应符合本指南的规定外,尚应符合法律、法规、规章、国家和行业现行有关标准的规定。

2 基本规定

2.0.1 "两区三厂"的规划和设计应遵循"安全第一、因地制宜、永临结合、经济适用、绿色环保"的原则。

2.0.2 "两区三厂"的建设应设置合理工期,并根据现场环境、建设规模、施工计划、人员及设备投入等情况组织实施。

2.0.3 "两区三厂"建设、使用过程中应编制平面规划图,设计验算书,验收资料,检查、维护保养等管理档案及台账清单。

3 选址

3.1 一般规定

3.1.1 选址应做到合法用地、安全避让、节约资源。

3.1.2 选址工作应按照选址初筛、地质灾害危险性评估两个阶段实施。

3.1.3 选址初筛应由施工单位组织实施，且至少有1名专业地质人员或岩土人员参与。

3.1.4 地质灾害危险性评估工作应由具有乙级或乙级以上资质的单位承担。

3.2 选址初筛

3.2.1 选址基本要求

1 应结合本合同段的指导性施工组织方案、便道设计、地形条件及临建标准化建设的要求开展选址工作。

2 选址应避开崩塌、滑坡、危岩体、泥石流、岩溶塌陷、采空区、地裂缝、地面沉降、雪崩或冰川等地质灾害的危害及影响区域，尽可能避开地质灾害易发区域。

3 选址时，应调查和收集库区、泄（排）洪区、洪涝区、大型冲沟、河漫滩等区域的历史灾情、洪水位等资料进行综合分析判断，并避开记载或口述曾经发生过洪水灾害的区域，综合评估选择相对安全的位置。

4 选址应收集和调查区域内的矿区尾矿、已有堆弃土场的危害或影响区域，并进行合理避让；对稀土矿区宜开展放射性检测，避免人员受影响。

5 选址应收集及查明拟选区域埋地管线（电力电信、油气管线）、沿线矿区等资料，远离高频、高压电源及油、气、化工等污染源，距离集中爆破区不小于500m。

6 "三厂"应远离学校、医院、居民区等场所，若因条件影响需在上述区域内时，必须保证满足噪声及污染防治基本要求。

7 选址应合理避让坡洪积扇、堆积体、沼泽地等特殊地貌或软土、松散填土、膨胀土、湿陷性黄土、红黏土、盐渍土、冻融性土等特殊性岩土分布区域，确实无法避让时，应对临建基础采取可行的处理措施。

8 选址前，应收集建设项目前期专题研究报告以及自然资源管理部门的查询报告，避开自然保护区、基本农田保护区、水源保护区、国家森林公园、一级林地保护区、历史文物遗址保护区、军事保护区或其他国家法律法规不允许建设的区域。

9 选址应充分考虑风沙、沙尘暴、台风等极端气候的影响，满足安全生产和职业健康要求，提高应对极端气候的能力。

10 选址应结合总体施工组织设计统筹考虑，宜靠近施工现场关键工点，严禁设置在高空落物、机械倾覆、起重交叉区域或占用独立桥梁下部空间。

11 交通便利，宜靠近公路、运输便道，便于机械车辆进出，接近水源、电源，通信畅通，满足信息化管理要求。

3.2.2 工作步骤与判别方法

3.2.2.1 工作步骤

1 结合总体施工组织设计初步选定1~3处区域，并在不小于1:10 000比例尺的地形图中标识。

2 收集国土部门资料，了解当地地质灾害类型、分布位置、危险等级，避免"两区三厂"位于已经界定的不良地质点范围内。

3 对初步选定的"两区三厂"选址区域进行现场踏勘，调查场地的地质、水文条件，初步判别用地属性，记录、测量周边构造物分布情况，完成选址初筛。

3.2.2.2 判别方法

初筛应对选址周边的地形地质条件、周边环境、水文条件、既有建筑、线路管道、社会影响及存在的危险源等做出综合分析，并按以下方法初步筛选判别：

1 拟选址区域应采用填表法进行初筛，按照不良地质判别表（表A-1~表A-8）调查选址情况，并填写地质灾害评估调查表（表A-9）、不良地质灾害初筛表（表A-10）。

2 松散堆积区或地质条件较差区可采取探坑法、承载力检测法、地形观察法及雨水浸泡后下沉程度观测法等综合判断。

3 选址靠近乙烯厂、炼油厂、油库、天然气管线、易燃易爆仓库、加油站等地区，可依据测量确保安全距离满足要求。

4 选址临近化工厂、发电厂、采煤区、高压电塔等地区，可采用取样检测法检测以上地区危险源，避免大气、尘、毒、噪声、地下水等危及人员职业健康，并通过测量判断安全距离及风向位置。

5 选址临近自然、文物、水源保护区，军事隔离区，居民生活区，河道及债权纠纷区等，可通过文件查询、实地调查及测量等方式确保选址距离满足要求。

3.2.3 初筛结论及管理程序

选址可分为两类，具体工作程序如附录B所示：

1 第一类：根据不良地质灾害初筛表（表A-10），无不良地质灾害的选址区域，经施工单位自评合格后上报监理单位审批，通过后报送建设单位备案，并办理用地手续。

2 第二类：根据不良地质灾害初筛表（表 A-10），需要启动地质灾害危险性评估的，施工单位应委托具有相应资质的单位进行评估。

3.3 地质灾害危险性评估

3.3.1 评估要求

1 地质灾害危险性评估应按现行标准《地质灾害危险性评估规范》（DZ/T 0286）的规定及相关文件执行，评估费用从安全生产费用中列支。

2 地质灾害危险性评估应对"两区三厂"遭受地质灾害的可能性和"两区三厂"在建设中、建成后引发地质灾害的可能性作出评价，提出具体的预防治理措施。

3 地质灾害危险性评估的灾害种类主要包括：崩塌、滑坡、泥石流、地震多发区、地裂缝、地面塌陷（含岩溶塌陷和矿山采空塌陷）和地面沉降等。

4 地质灾害危险性评估的主要内容：简述选址规划区的地质环境条件基本特征；分析论证选址规划区各种地质灾害的危险性，进行现状评估、预测评估和综合评估；提出防治地质灾害的措施与建议，并作出建设场地危险性及适宜性评价结论。

3.3.2 评估结论及管理程序

根据评估结果，确定地质灾害风险等级及建设场地适宜性：

1 风险等级为小，且建设场地适宜的，在合理防护措施基础上，可确定选址位置，评估完成后上报监理单位对选址组织审查验收，通过后报送建设单位备案，并办理用地手续。

2 风险等级为中，且建设场地基本适宜的，评估报告应给出地质灾害防护建议，评估完成后上报监理单位对选址组织审查验收，通过后报送建设单位备案，并办理用地手续。

3 风险等级为大，且建设场地适宜性差的，可直接进行避让，重新选址；当多处选址后风险等级均为大，且建设场地适宜性差或选址存在唯一性，报告应明确地质灾害结论、防护措施的可行性，由施工单位组织专家评审，评估通过后上报监理单位审批，并报建设单位备案，通过后办理用地手续。

4 规划

4.1 一般规定

4.1.1 "两区三厂"的规划应做到安全优先、因地制宜、生产有序、科学管理、永临结合。

4.1.2 "两区三厂"的规划应根据工程内容和施工组织的要求确定，并应综合考虑以下要素：
1 既有公路、铁路与施工现场的相互关系。
2 周边的地形、地貌及地表附着物。
3 沿线的便道、便桥、水源及电力设施。

4.1.3 "两区三厂"总体平面规划图中应包含排水系统、临时用电、消防设施、安全通道，具体功能区划分如下：
1 "两区"应包含办公室、会议室、食堂、宿舍及卫浴间等相关内容，宜设置活动室。
2 钢筋加工厂应包含原材料存放区、加工区、半成品存放区及成品存放区等。
3 拌和厂应包含原材料存放区、拌和区、试验室、沉淀处理区及车辆停放区等。
4 预制厂应包含原材料存放区、钢筋加工区、预制区和存储区等。

4.1.4 高寒地区"两区三厂"基础设计应考虑冻融的影响。

4.2 管理要求

4.2.1 "两区"建设可自建或租用沿线质量可靠、安全合格的房屋，自建房屋最低标准为活动板房，应选用阻燃、防水材料。

4.2.2 施工班组的驻地应按照本指南相关要求纳入施工单位的管理范畴。

4.2.3 "两区三厂"宜采用信息化手段统筹规划，借助智能系统实施过程管理，以期达到工厂化建设标准，要求如下：

1 合理分区，保证施工作业紧密衔接，互不干扰。
2 出入口设置门禁，严禁非施工人员进入。
3 安装监控系统，对主要出入口、主要道路、关键部位、重要工序进行监控，保证实时动态管理，并储存一周内的监控影像，根据需要安装报警装置。
4 设置信息化管控系统，对厂区人员数量、电力负荷、温度、噪声、粉尘浓度等实时进行监管。

4.3 技术要求

4.3.1 安全距离

1 "两区三厂"之间的安全距离应满足以下要求：

1）生产区、办公区、生活区应分开设置。

2）生活区、办公区宜设置在厂区的上风方向，生活区与拌和区距离不应小于单个储料罐高度，且不少于20m。

3）"两区"应与周边危险源或污染源保持一定的安全距离，可按表4-1采用。

表4-1 两区与危险源（污染源）最小安全距离

序号	两区建设内容	危险源（污染源）	最小距离（m）	备 注
1	食堂、厨房	厕所、垃圾站	20	单设独立式
2	食堂、厨房	办公、生活用房	10	单设
3	驻地	油库	60	
4	驻地	集中爆破区	500	
5	驻地	省级以上道路	20	
6	驻地	铁路行车线	30	
7	班组驻地	制、存梁作业区	20	满足特种设备防倾覆要求
8	班组驻地	运梁通道	10	
9	班组驻地	架梁作业区	15	
10	班组驻地	隧道洞口正对面	300	可设置于洞侧
11	班组驻地	填方段、软弱地质挖方段	10	

4）在风力大于8级、年平均大风日数大于3天的地区，应保证"两区三厂"临时建筑物间距不小于建筑高度，并采用地锚钢丝绳等方式进行加固。

5）氧气、乙炔瓶室外临时存放，必须放置在专用的防护棚内，防护棚间安全距离不小于20m，每间防护棚存放量不宜超过10瓶。

4.3.2 用电、消防及其他

1 施工现场临时用电应按现行标准《施工现场临时用电安全技术规范》（JGJ 46）和《建设工程施工现场供用电安全规范》（GB 50194）的规定执行，并满足以下要求：

1）临时线路不得使用金属线绑扎,应避开易燃、易爆物品堆放地,严禁使用设备管道、设备支架、铁质构架作为临时线路的支架。

2）临时电源线及电器元件必须满足用电设备负荷要求,电源线应绝缘良好、接头包扎牢固,可采用悬空架设或沿墙架设;悬空架设室内电线离地高度不得低于2.5m,室外不得低于3.5m,跨越道路不得低于7m。

3）厂区内电缆线路可采用直接埋地或电缆槽敷设;直埋电缆应加设套管,埋置深度不小于70cm,套管四周应铺砂;电缆槽底部应铺砂,防止电缆磨损。

4）厂区内用电原则上选用外部供电系统供电,当条件受限时选用发电机供电,发电机应采用枕木、砖块等绝缘材料支垫,支垫高度应不小于0.3m,发电机在功率超过100kV·A时,工作接地电阻值不得大于4Ω,在功率不超过100kV·A时,工作接地电阻值不得大于10Ω。

5）应在高耸构筑物顶端以及门式起重机轨道两侧设置避雷设施,对于大于30m的轨道应每30m设置一处接地装置,定期监测其有效性。避雷设施采用铝板或铜板接地,其冲击接地电阻值不大于30Ω,门式起重机接地电阻不大于4Ω,如图4-1所示。

图4-1 门式起重机轨道防雷接地

6）储油罐应配备防静电接地设施,现场应使用隔爆型的电气设备,区域内的金属构件应有可靠接地;当区域内装有用电设备时,接地电阻不应大于4Ω,当区域内无用电设备时,接地电阻不应大于30Ω。

2 "两区三厂"消防安全应按现行国家标准《建设工程施工现场消防安全技术规范》(GB 50720)的规定执行,并满足以下要求:

1）建筑面积每100m²至少配置1具4kg手提式干粉灭火器或依据火灾类别设置相应的灭火器。沥青存放点和熬制作业区分别配置推车式磷酸铵盐干粉(ABC)35kg灭火器不少于2台。

2）在"两区三厂"人员相对集中的位置,配置消防水泵一台及不小于20m³消防水池一个,2m³的消防砂池一个,如图4-2所示。

3 "两区三厂"内外做好防排水措施,地坪坡度不宜小于0.3%,排水坡度宜为0.3%~0.5%。

4 对于"两区三厂"建设过程中形成的软弱或不稳定边坡,应根据实际情况采用相应的处置措施。

图 4-2　消防设备设施示意图

5　"两区三厂"应配备检测仪器，用于检测厂区内有毒有害气体、大气粉尘和噪声。

4.3.3　办公区及生活区

1　自建活动板房不宜超过两层；位于沿海、戈壁及高原地区场地宽阔地带，宜按单层进行规划，若设置为两层，应针对极端气候条件下增设抗倾覆、坍塌的措施，同时宜设置逃生杆及屋面压顶；戈壁及高原地区的"两区"为防风保温，门前走廊宜进行封闭处理。

2　"两区"第二层楼道宽度不小于 1.1m，楼道设置两处上下楼梯通道。

3　"两区"宜设置在大型设备、设施（门式起重机、钢筋棚、料仓棚、储料罐等）倾覆半径的 1.5 倍范围之外。

4　在疏散走道转弯和交叉部位两侧的墙面、柱面距地面高度 1.0m 以下应设置灯光疏散指示标志。

5　生活区宿舍应装设用电限流设备，用电线路应沿墙壁埋置布设，不得随意悬空牵拉、挂置，严禁使用大功率用电设备，可使用 USB 充电插座及 LED 照明灯具。

4.3.4　钢筋加工厂

1　钢筋加工厂设置不少于两个出入口，沿纵向方向下层设置采光通风窗户，上层设置采光板。

2　钢筋加工厂起重设备宜采用桥式起重机。当采用门式起重机，宜设置滑线槽，严禁电缆拖地运行；门式起重机两侧与侧墙、立柱之间的净距不应小于 50cm。

3　厂区中间宜设置 4m 宽运输主干道，两侧涂刷黄色醒目警示线，主干道两侧设置不小于 0.9m 高隔离栏杆，如图 4-3 所示。

4　钢筋原材料及半成品应分类垫高堆放，垫高台座宜采用混凝土、型钢等材料制作，高度不小于 30cm。

5　机械传动部位应设置防护罩，钢筋冷拉作业区两端应设置防护挡板及安全警示标识。

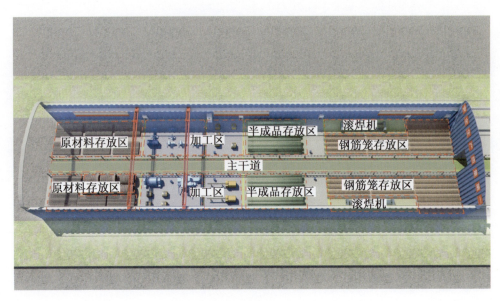

图 4-3 钢筋加工厂

6 加工设备之间、设备与墙体的净距不小于 0.7m，焊割、冷拉、切割等作业区应进行隔离防护。

4.3.5 拌和厂

1 拌和厂内宜进行危险等级分区，各区域按危险等级设置相应的安全警示牌。分级情况见表 4-2。

表 4-2 拌和厂危险等级分区

风险级别	分级描述	风险区域	区域色别	备注
Ⅰ级	低度风险	试验区	蓝色区域	
Ⅱ级	中度风险	材料堆放区、沉淀池	黄色区域	
Ⅲ级	高度风险	拌和作业区、车辆行驶区域	橙色区域	

2 拌和厂沉淀池、施工水池上部宜采用钢筋网覆盖，四周应设置不低于 1.2m 高防护栏杆及警示牌，水池内部应进行防水处理，避免因渗漏导致基坑垮塌。

3 罐体上应设置钢护笼爬梯，基础外侧应设置防撞设施，表面涂刷警示标志，防止机械设备碰撞。

4 罐体上设置缆风绳与地锚连接稳固，避免罐体倾覆，缆风绳用 PVC 管套住并粘贴反光膜。

5 拌和楼出料口距混凝土运输车上方净高不小于 1m，两侧立柱距车辆净宽均不小于 0.5m，立柱前方设置防撞设施。

6 料仓棚立柱由混凝土隔墙包裹，柱脚与预埋件连接牢固，宽度及高度应满足机械设备最小作业空间要求。

7 料仓墙体外围应设置警戒区，警戒距离不宜小于墙高的 2 倍。

8 车辆行驶宜遵循"靠右行驶、逆时针掉头"原则。

4.3.6 预制厂

1 预制厂内钢筋加工区、制梁区和材料存储区应分开规划，形成流水化作业，门式起重机移梁时严禁制梁区人员作业。

2 同一轨道布设多台起重机时，应保证每台起重机配备抗倾覆设施，并采取相应措施以避免相互碰撞。

3 门式起重机轨道基础应采用钢筋混凝土现浇，钢轨应采用钢压板固定，有条件的项目可采用铁路专用的蝶形弹条，其间距根据计算确定，如图4-4所示。同一截面内两平行轨道顶面的相对高差不应大于5mm。

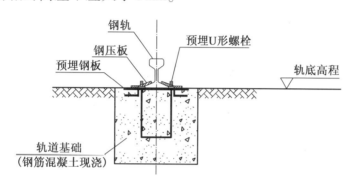

图 4-4 轨道基础剖面图

4 轨道接头位置错开的距离不应小于门式起重机前后轮的轮距。接头宜采用鱼尾夹板连接，接头高低差及侧向错位不应大于1mm，间隙不应大于2mm。

5 为防止门式起重机啃轨，轨道不宜设置为曲线；受条件限制必须设置为曲线时，曲线半径的矢跨比不得大于1/2 000，并设置相应的同步转向装置。

6 为防止门式起重机纵向滑移，轨道不宜设置纵坡；受条件限制必须设置纵坡时，纵坡坡率不应大于1%。

7 作业现场应预埋地锚，大风雷雨天气时应采用缆风绳将门式起重机与地锚连接牢靠。

8 为避免发生粉尘爆炸，钢箱梁等钢结构加工生产过程中应严格遵守下列规定：

1）应定期对使用的设备设施、工具、照明、动能管线等进行检查，确认达到安全要求后方可作业。

2）工作车间应进行有效通风，作业时含氧量、可燃气体、有毒有害气体浓度应满足要求，其中含氧量应为19.5%~23%，可燃气体浓度应低于爆炸下限的1%。

3）作业时，喷枪与液流软管、液流软管与喷漆泵之间的连接必须牢固可靠，以保证通过油漆泵泵体接地，其接地电阻值不得大于4Ω。

4）涂装作业人员着装必须符合防爆要求，防静电服和防静电鞋必须配套使用，无防静电服时，可穿纯棉工作服；严禁穿化纤工作服和带有铁钉的工作鞋。

5）严禁携带打火机、火柴、易产生火花的金属饰物和工具，以及对讲机、手机、非防爆照明设施等进入涂装作业区域内。

4.4 规划示例

4.4.1 租用示例

租用当地房屋可在原有设计基础上进行进一步规划设计，具体可以参照图 4-5 进行规划。

注：原有大榕树下面围一圈鹅卵石铺地，铺地外侧围绕圆形地增加坐凳；篮球场两侧增加坐凳。

图 4-5 租用房屋平面规划图

4.4.2 山区起伏地带

1 针对山区起伏地带，"两区三厂"可结合原有地形和功能使用需求采用不规则的形状，如图 4-6、图 4-7 所示。

2 "两区三厂"周围边坡的危险源应进行清除，并挂设被动防护网，保证边坡稳定。

3 排水系统应保持通畅，特别是生活区排水沟应充分考虑暴雨季节的汇水排洪量，确保雨季期间排水不溢出水沟进入厂区。

4.4.3 地势平坦地带

1 针对地势平坦地带，"两区三厂"应结合使用功能要求和方便适用的原则，平面采用长方形或正方形，如图 4-8 所示。

2 拌和厂的生活区应与其他区域隔离。

图 4-6 山区不规则平面规划图 1

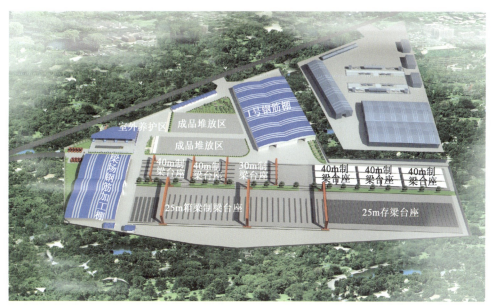

图 4-7 山区不规则平面规划图 2

图 4-8 平坦地区"两区"平面规划图

5 设计

5.1 一般规定

5.1.1 "两区三厂"需独立设计的临建设施结构主要包括活动板房、钢筋加工厂、储料罐及储料仓隔墙等。钢筋加工厂、储料罐及储料仓隔墙设计计算实例见附录C。

5.1.2 临建设施结构设计应做到技术先进、经济合理、安全适用、确保质量、装拆方便。

5.1.3 临建设施结构的设计使用年限不宜超过5年，其安全等级不宜低于二级，地基基础设计等级宜为乙级；当施工期限较长或有永临结合需求时，应进行专门设计。

5.1.4 临建设施结构采用以概率理论为基础的极限状态设计方法，应分别按承载能力极限状态和正常使用极限状态进行设计。

5.1.5 临建设施结构的耐火等级应符合国家现行有关标准的规定。

5.1.6 临建设施结构设计除应符合本指南外，尚应符合国家现行有关标准的规定。

5.2 装配式轻钢结构活动板房

5.2.1 活动板房的结构设计计算应符合现行国家标准《冷弯薄壁型钢结构技术规范》（GB 50018）和《门式刚架轻型房屋钢结构技术规范》（GB 51022）的规定。

5.2.2 活动板房的材料及配件进厂时，应检验其产品合格证和外观、包装、几何尺寸，并按标准规定抽样检验其物理力学性能。

5.2.3 用于制作活动板房的冷弯薄壁型钢、轻型热轧型钢、连接钢板和圆钢拉杆等材料，其质量应符合现行国家标准《碳素结构钢》（GB/T 700）和《低合金高强度结构钢》（GB/T 1591）的规定；冷弯薄壁型钢的质量应符合《冷弯型钢通用技术要求》（GB/T 6725）的规定，厚度不应小于2.0mm；连接钢板的厚度不应小于4.0mm。

5.2.4 焊接材料应与主体金属的强度相匹配。当采用手工焊接时，焊条应符合现行国家标准《非合金钢及细晶粒钢焊条》（GB/T 5117）和《热强钢焊条》（GB/T 5118）的规定；采用自动或半自动焊接时，焊丝应符合现行国家标准《熔化焊用钢丝》（GB/T 14957）的规定；二氧化碳气体保护焊用焊丝应符合现行国家标准《熔化极气体保护电弧焊用非合金钢及细晶粒钢实心焊丝》（GB/T 8110）的规定。

5.2.5 用于构件连接的普通螺栓应符合现行国家标准《六角头螺栓》（GB/T 5782）的规定，其机械性能应符合《紧固件机械性能 螺栓、螺钉和螺柱》（GB/T 3098.1）的规定。

5.2.6 活动板房的围护结构宜采用金属面夹芯板，材质应符合现行国家标准《建筑用金属面绝热夹芯板》（GB/T 23932）的规定，其芯材燃烧性能等级应为 A 级。

5.2.7 活动板房基础混凝土的强度等级不应小于 C20，预制构件混凝土的强度等级不应小于 C25。基础墙的砌块强度等级不应小于 MU5，砌筑砂浆的强度等级不宜小于 M2.5。

5.2.8 活动板房的安装拆卸次数不宜超过 5 次，主要构件（柱、梁、屋架）设计重要性系数取 1.0，一般构件取 0.9。

5.2.9 活动板房的连续长度不宜大于 10 间，开间不宜大于 3.6m，进深不宜大于 6m，层高不宜超过 3m，室内净高不应小于 2.5m，宜采用外走廊；建筑层数不宜超过两层，空旷地区宜采用单层。

5.2.10 活动板房的食堂、会议室等人员密集和荷载较大的场所宜设置在底层；屋面不应作为上人屋面，坡度不应小于 1/10。

5.2.11 活动板房荷载效应组合、荷载分项系数、荷载组合系数的取值应符合现行国家标准《建筑结构荷载规范》（GB 50009）的规定。
  1 活荷载标准值不得低于表 5-1 的规定。

表 5-1 活 荷 载 标 准 值

类　　别		标准值（kN/m^2）
楼面	宿舍	1.5
	办公室、会议室等人员密集场所	2.0
	走廊、楼梯	2.0
屋面（不上人屋面）		0.5

注：1. 屋面活荷载不与雪荷载同时考虑，应取两者中的较大值。
  2. 栏杆顶部水平荷载应取 1.0kN/m。
  3. 当实际荷载较大时，应按实际情况取值。

2 雪荷载和风荷载按现行国家标准《建筑结构荷载规范》（GB 50009）计算，设计重现期宜取 10 年。计算风荷载时，地面粗糙度宜按 A 类考虑；空旷地区及位于强风口位置的活动板房，应适当提高基本风压的取值。

5.2.12 活动板房的弹性层间位移角不宜大于 1/150，受弯构件的容许挠度应符合表 5-2 的规定。

表 5-2 受弯构件容许挠度

构 件 类 别	容许挠度（mm）
楼（屋）面梁或桁架	$L/200$
墙板、楼面板、屋面板、檩条	$L/150$
悬挑构件	$L/400$

注：L 为受弯构件的跨度或悬挑长度。

5.2.13 构件长细比应符合下列要求：
1 受压构件的长细比不宜超过表 5-3 的规定。

表 5-3 受压构件的长细比

构 件 类 别	长细比限值
主要构件（柱、桁架等）	180
其他构件和支撑	220

2 受拉杆件的长细比不宜超过表 5-4 的规定。

表 5-4 受拉构件的长细比

构 件 类 别	长细比限值
桁架	350
其他构件和支撑	400

注：1. 当受拉杆件在永久荷载和风荷载组合作用下受压时，长细比不宜超过 250。
    2. 张紧的圆钢拉杆长细比不受此限。

5.2.14 金属面夹芯板墙体不应作为活动板房的承重墙。附着在活动板房上的设施、设备支架，应通过设计计算，采用螺栓与活动板房骨架可靠连接，不得直接支撑在金属面夹芯板墙体或屋面上。

5.2.15 活动板房基础可采用混凝土独立柱基或条形基础，宜采用装配式预制混凝土基础。柱基、条形基础或装配式预制混凝土基础的构造和尺寸除应满足设计要求外，尚应符合下列规定：

1 地基承载力特征值不应小于 80kPa。
2 混凝土条形基础，单层活动板房的基础宽度不应小于 300mm，厚度不应小于 100mm；两层活动板房的基础宽度不应小于 500mm，厚度不应小于 200mm。
3 单层活动板房的柱基底面不应小于 500mm×500mm，厚度不应小于 200mm，基础柱截面不应小于 200mm × 200mm；两层活动板房的柱基底面不应小于 600mm × 600mm，厚度不应小于 300mm，基础柱截面不应小于 250mm × 250mm。

4 单层活动板房的基础埋深不宜小于 300mm，两层活动板房的基础埋深不宜小于 500mm。

5 活动板房室内地坪应高出周围场地 100 ~ 200mm。

5.2.16 楼面结构的连接和固定应符合下列规定：

1 钢柱与楼面梁（桁架）、楼面主梁（桁架）与次梁（桁架）应采用连接钢板和螺栓连接，连接钢板的厚度不应小于 6mm，螺栓直径不应小于 14mm，性能等级宜取 8.8 级，数量应经计算确定，且不少于 2 个。楼面梁采用桁架时，楼面主桁架与次桁架的连接位置宜设置在主桁架的上弦节点处。

2 装配式预制混凝土楼面板的设计应符合现行国家标准《混凝土结构设计规范》（GB 50010）的规定，周边宜采用轻型角钢包边，钢筋应与角钢边框焊接。

3 装配式预制混凝土楼面板的支承长度不应小于 35mm，楼板与楼面梁（桁架）应采用锁定装置固定。

5.2.17 应在活动板房的下列位置设置斜拉撑体系：

1 在山墙和两端跨（除门洞部位外）、中间各跨间隔设置外墙及内墙垂直斜拉撑。

2 在两端跨和中间各跨间隔设置屋面、楼面水平斜拉撑。斜拉撑应交叉布置。当采用张紧的圆钢做斜拉撑时，圆钢与构件的夹角应在 30° ~ 60° 之间，圆钢直径不应小于 12mm，并设置花篮式调节螺栓。

5.2.18 楼梯宜采用整体式结构，楼梯踏步板和外走廊走道板宜采用花纹钢板制作；楼梯和外走廊应设置栏杆或栏板，其高度不应小于 1.05m。当采用栏杆时，应设置踢脚板。

5.2.19 活动板房的节点设计应通用性强、连接可靠，满足可多次拆卸、安装的要求。构件的连接节点应采用螺栓装配，严禁采用现场焊接的方法进行连接。

5.2.20 活动板房钢构件的防腐应符合现行国家标准《冷弯薄壁型钢结构技术规范》（GB 50018）的规定。外露构件及螺栓应采取防腐措施，在腐蚀性较强的环境下使用的活动板房，应提高防腐要求。

5.3 轻型钢筋加工厂

5.3.1 轻型钢筋加工厂主要采用门式刚架结构体系，房屋高度不大于 18m、高宽比小于 1，承重结构为单跨或多跨门式刚架，具有轻型屋盖，无桥式吊车或有起重量不大于 20t 的 A1 ~ A5 工作级别桥式吊车或 3t 悬挂式起重机。

5.3.2 轻型钢筋加工厂的主要构件（柱、斜梁等）设计重要性系数取 1.0，一般构件取 0.9。

5.3.3 用于承重的冷弯薄壁型钢、热轧型钢和钢板，应采用现行国家标准《碳素结构钢》（GB/T 700）规定的 Q235 和《低合金高强度结构钢》（GB/T 1591）规定的 Q345 钢材。

5.3.4 连接件应符合下列规定：
1 普通螺栓应符合现行国家标准《六角头螺栓 C 级》（GB/T 5780）和《六角头螺栓》（GB/T 5782）的规定，其机械性能应符合《紧固件机械性能 螺栓、螺钉和螺柱》（GB/T 3098.1）的规定。
2 高强度螺栓应符合现行国家标准《钢结构用高强度大六角头螺栓》（GB/T 1228）、《钢结构用高强度大六角螺母》（GB/T 1229）、《钢结构用高强度垫圈》（GB/T 1230）、《钢结构用高强度大六角头螺栓、大六角螺母、垫圈技术条件》（GB/T 1231）或《钢结构用扭剪型高强度螺栓连接副》（GB/T 3632）的规定。

5.3.5 在风荷载或多遇地震标准值作用下的轻型钢筋加工厂的柱顶位移值，不应大于表 5-5 规定的限值。

表 5-5 刚架柱顶位移限值（mm）

吊车情况	其他情况	柱顶位移限值
无吊车	当采用轻型钢墙板时	$h/60$
	当采用砌体墙时	$h/240$
有桥式吊车	当吊车有驾驶室时	$h/400$
	当吊车由地面操作时	$h/180$

注：h 为刚架柱高度。

5.3.6 受弯构件的挠度值，不应大于表 5-6 规定的限值。由柱顶位移和构件挠度产生的屋面坡度改变值，不应大于坡度设计值的 1/3。

表 5-6 受弯构件的挠度限值（mm）

挠度	构件类别		构件挠度限值
竖向	斜梁	仅支承压型钢板屋面和冷弯型钢檩条	$L/180$
		有吊顶	$L/240$
		有悬挂起重机	$L/400$
	檩条	仅支承压型钢板屋面	$L/150$
		有吊顶	$L/240$
		压型钢板屋面板	$L/150$

续表 5-6

挠　度	构 件 类 别		构件挠度限值
水平	墙板		$L/100$
	抗风柱		$L/250$
	墙梁	仅支承压型钢板墙	$L/100$
		支承砌体墙	$L/180$ 且 $\leqslant 50$

注：1. L 为跨度。
　　2. 对斜梁，L 取全跨。
　　3. 对悬臂梁，按悬伸长度的 2 倍计算受弯构件的跨度。

5.3.7 构件长细比应符合下列规定：

1 受压构件的长细比，不宜大于表 5-7 规定的限值。

表 5-7　受压构件的长细比限值

构 件 类 别	长细比限值
主要构件	180
其他构件及支撑	220

2 受拉构件的长细比，不宜大于表 5-8 规定的限值。

表 5-8　受拉构件的长细比限值

构 件 类 别	承受静力荷载或间接动力荷载的结构	直接承受动力荷载的结构
桁架杆件	350	250
吊车梁或吊车桁架以下的柱间支撑	300	—
除张紧的圆钢或钢索支撑外的其他支撑	400	—

注：1. 对承受静力荷载的结构，可仅计算受拉构件在竖向平面内的长细比。
　　2. 对直接或间接承受动力荷载的结构，计算单角钢受拉构件的长细比时，应采用角钢的最小回转半径；在计算单角钢交叉受拉杆件平面外长细比时，应采用与角钢肢边平行轴的回转半径。
　　3. 在永久荷载与风荷载组合作用下受压时，其长细比不宜大于 250。

5.3.8 当采用压型钢板轻型屋面时，屋面按水平投影面积计算的竖向活荷载标准值应取 $0.5 kN/m^2$，对承受荷载水平投影面积大于 $60 m^2$ 的钢构件，屋面竖向均布活荷载标准值可取不小于 $0.3 kN/m^2$。

5.3.9 设计屋面板和檩条时，应考虑施工及检修集中荷载，其标准值应取 $1.0 kN$，且作用在结构最不利位置上；当超过时，应按实际情况采用。

5.3.10 风荷载和雪荷载按现行国家标准《建筑结构荷载规范》（GB 50009）及《门式刚架轻型房屋钢结构技术规范》（GB 51022）计算，风荷载设计重现期宜取 10 年。

5.3.11 轻型钢筋加工厂主要采用单跨结构形式，钢柱、斜梁可采用实腹式 H 形截面（等截面或变截面，焊接或轧制）或钢柱采用圆钢管、斜梁采用圆管相贯的格构式截面（图 5-1）。设有桥式吊车时，钢柱宜采用等截面构件。变截面构件宜做成改变腹板高度的楔形，且不宜改变翼缘宽度。屋盖宜采用压型钢板屋面板和冷弯薄壁型钢檩条，外墙宜采用压型钢板墙面板和冷弯薄壁型钢墙梁。

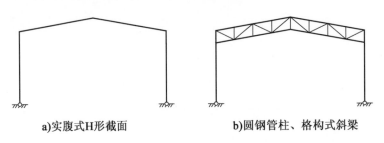

a) 实腹式H形截面　　　　b) 圆钢管柱、格构式斜梁

图 5-1　单跨结构形式

5.3.12 由钢柱、斜梁组成的主刚架应按弹性分析方法计算，可按平面结构分析内力。柱脚宜按铰接设计，当设有 5t 以上桥式吊车时，可将柱脚设计成刚接。

5.3.13 主刚架的跨度宜为 12～48m，单榀间距宜为 6～9m，挑檐长度可根据使用要求确定，宜为 0.5～1.2m，其坡度宜与斜梁坡度相同。

5.3.14 轻型钢筋加工厂的屋面坡度宜取 1/20～1/8，在雨水较多地区宜取较大值。

5.3.15 柱间支撑的设置应根据纵向柱距、受力情况和温度区段等条件综合确定。当无吊车时，柱间支撑间距宜取 30～45m，端部柱间支撑宜设置在厂房端部第一或第二开间。当有吊车时，吊车牛腿下部支撑宜设置在温度区段中部，当温度区段较长时，宜设置在三分点处，且支撑间距不应大于 50m。牛腿上部支撑设置原则与无吊车时的柱间支撑相同。柱间支撑采用的形式宜为圆钢或钢索交叉支撑、型钢交叉支撑、方管或圆管人字支撑等。当有吊车时，吊车牛腿以下交叉支撑应选用型钢交叉支撑。

5.3.16 屋盖横向水平支撑应与柱间支撑布置在同一开间，且端部宜布置在厂房第一或第二开间。当布置在第二开间时，应在第一开间抗风柱顶部对应位置设置刚性系杆。

5.3.17 当实腹式斜梁、钢柱翼缘受压时，应在受压翼缘侧布置隅撑与檩条或墙梁相连接。

5.3.18 主刚架实腹式构件间的连接，可采用高强度螺栓端板连接。高强度螺栓直径应根据受力确定,可采用 M12~M24 螺栓。

5.3.19 实腹式斜梁与钢柱连接节点,可采用端板竖放、平放和斜放三种形式;斜梁拼接时宜使端板与构件外边缘垂直,并采用外伸式连接,如图 5-2 所示。

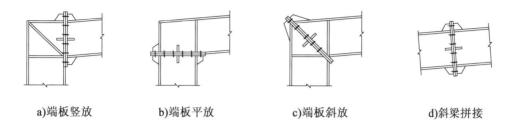

a)端板竖放　　　b)端板平放　　　c)端板斜放　　　d)斜梁拼接

图 5-2　实腹式构件连接节点

5.3.20 格构式斜梁与圆钢管柱连接节点,可采用外包钢管加强和管内设置环板等形式,如图 5-3 所示。

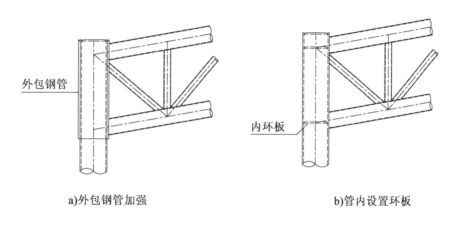

a)外包钢管加强　　　　　　　　b)管内设置环板

图 5-3　格构式斜梁与圆钢管柱连接节点

5.3.21 柱脚宜采用平板式铰接柱脚,如图 5-4 所示,也可采用刚接柱脚,如图 5-5 所示。当柱底水平剪力大于受剪承载力时,应设置抗剪键。

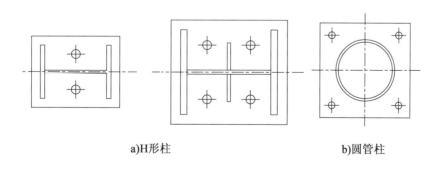

a)H形柱　　　　　　　　　　b)圆管柱

图 5-4　铰接柱脚

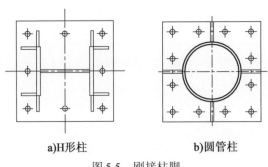

a)H形柱　　　　　　b)圆管柱

图 5-5　刚接柱脚

5.3.22 处于弱腐蚀环境和中等腐蚀环境的承重构件，工厂制作涂装前，其表面应采用喷射或抛射除锈方法，除锈等级不应低于 Sa2；现场采用手工和动力工具除锈方法，除锈等级不应低于 St2。

5.4 储料罐钢筒仓

5.4.1 储料罐钢筒仓结构设计计算应按现行国家标准《钢结构设计标准》（GB 50017）、《冷弯薄壁型钢结构技术规范》（GB 50018）及《钢筒仓技术规范》（GB 50884）的规定执行。

5.4.2 钢筒仓的材料宜采用 Q235 钢和 Q345 钢，其质量应分别符合现行国家标准《碳素结构钢》（GB/T 700）和《低合金高强度结构钢》（GB/T 1591）的规定，且不应低于 B 级。当采用其他牌号的钢材时，应符合现行国家标准《钢结构设计标准》（GB 50017）的规定。

5.4.3 钢筒仓的连接材料应符合下列要求：
1 手工焊接采用的焊条，应符合现行国家标准《非合金钢及细晶粒钢焊条》（GB/T 5117）或《热强钢焊条》（GB/T 5118）的规定。选择的焊条型号应与主体金属力学性能相适应。
2 自动焊接或半自动焊接采用的焊丝和相应的焊剂应与主体金属力学性能相适应，并应符合现行国家标准《埋弧焊用非合金钢及细晶粒钢实心焊丝、药芯焊丝和焊丝-焊剂组合分类要求》（GB/T 5293）和《埋弧焊用低合金钢焊丝和焊剂》（GB/T 12470）的规定。
3 普通螺栓应符合现行国家标准《六角头螺栓 C 级》（GB/T 5780）和《六角头螺栓》（GB/T 5782）的规定。
4 高强度螺栓应符合现行国家标准《钢结构用高强度大六角头螺栓》（GB/T 1228）、《钢结构用高强度大六角螺母》（GB/T 1229）、《钢结构用高强度垫圈》（GB/T 1230）、《钢结构用高强度大六角头螺栓、大六角螺母、垫圈技术条件》（GB/T 1231）或《钢结构用扭剪型高强度螺栓连接副》（GB/T 3632）的规定。

5 圆柱头焊钉（栓钉）连接件的材料应符合现行国家标准《电弧螺柱焊用圆柱头焊钉》（GB/T 10433）的规定。

6 锚栓宜采用现行国家标准《碳素结构钢》（GB/T 700）中规定的 Q235 钢或《低合金高强度结构钢》（GB/T 1591）中规定的 Q345 钢。

5.4.4 储料罐钢筒仓结构主要包括上部圆形钢筒仓及下部支承结构，其中上部钢筒仓由仓顶、仓壁及锥形仓底组成；下部支承结构一般采用钢柱支撑体系。

5.4.5 仓顶结构可采用下列几种形式：
1 钢板直接弯成型的圆锥壳仓顶，适用于直径不大于 4m 的仓顶。
2 斜梁、环梁及支撑系统组成的梁板式仓顶。
3 其他空间结构仓顶。

5.4.6 仓壁结构可采用下列几种形式：
1 由钢板焊接或螺栓连接成型仓壁。
2 波形板仓壁。
3 由钢板咬口成型仓壁。

5.4.7 锥形漏斗仓底与仓壁相交处，一般应设置环梁，如图 5-6 所示。环梁与仓壁及锥形仓底之间可采用焊接或螺栓连接。

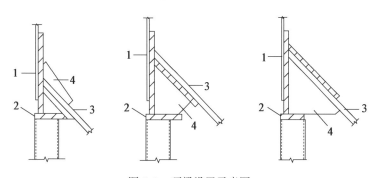

图 5-6 环梁设置示意图
1-仓壁；2-环梁；3-锥形仓底；4-加劲肋

5.4.8 钢筒仓的平面及竖向布置，应根据工艺、地形、工程地质和施工等条件，经技术经济比较后确定。当钢筒仓之间或钢筒仓与其相邻建（构）筑物之间需要连接时，宜采用简支结构相连。钢筒仓的安全通道、维护结构应符合国家现行有关标准的规定。对于有抗震设防要求的钢筒仓结构，还应符合国家现行有关抗震标准的规定。

5.4.9 钢筒仓设计时一般应考虑下列荷载：
1 永久荷载：结构自重，其他构件及固定设备重。

2 可变荷载：储料荷载、人员及移动设备活荷载、雪荷载、风荷载、积灰荷载、温度作用、钢筒仓外部地面的堆料荷载及管道输送产生的正、负压力等。

5.4.10 钢筒仓结构计算时，对不同荷载代表值及荷载组合应按现行国家标准《建筑结构荷载规范》（GB 50009）的规定执行。钢筒仓进行抗倾覆稳定和抗滑动稳定计算时，其抗倾覆稳定系数不宜小于1.5，抗滑动稳定系数不宜小于1.3。

5.4.11 风荷载设计重现期宜取10年；空旷地区及位于强风口位置的钢筒仓，应适当提高基本风压的取值。钢筒仓的风荷载体形系数可按下列规定取值：
1 仓壁稳定计算：取1.0。
2 钢筒仓整体计算：独立钢筒仓取0.8，仓群取1.3。

5.4.12 储料荷载的计算应符合下列要求：
1 水泥或其他散料的物理特性参数应由工艺专业提供。
2 储料荷载计算时应根据储料计算高度与钢筒仓内径的比值将筒仓划分为深仓和浅仓，并按现行国家标准《钢筒仓技术规范》（GB 50884）的规定执行。当储料计算高度与圆形仓内径之比不小于1.5时，按深仓计算；储料计算高度与圆形仓内径之比小于1.5时，按浅仓计算。

5.4.13 钢筒仓按承载能力极限状态进行设计时，应采用荷载设计值与材料强度设计值，计算应包括下列内容：
1 结构构件及连接强度、稳定性计算。
2 钢筒仓整体抗倾覆、抗滑动计算。
3 钢筒仓与基础的连接锚固计算。

5.4.14 钢筒仓结构按正常使用极限状态进行设计时，应采用荷载标准值，对结构进行变形验算。

5.4.15 钢筒仓在满足结构计算要求的基础上，应根据外部环境对钢板的腐蚀及储料对仓壁的磨损采取相应的措施。

5.4.16 钢筒仓下部支承结构的设计应按照现行国家标准《钢结构设计标准》（GB 50017）的规定执行。

5.4.17 钢筒仓下部支承钢柱与基础宜采用刚接连接，柱脚可采用预埋锚栓连接、插入式或埋入式连接方式，且应符合现行国家标准《建筑地基基础设计规范》（GB 50007）的规定。

5.4.18 钢筒仓基础一般采用整体板式基础。当地基土为软弱土层，且采用浅基础不能满足钢筒仓对地基承载力和变形等要求时，宜采用桩基础。基础计算除应满足现行国家标准《建筑地基基础设计规范》（GB 50007）和现行行业标准《建筑桩基技术规范》（JGJ 94）的相关要求外，尚应符合下列规定：

1 基础应根据空仓、满仓及附近大面积堆载的工况设计。

2 基础顶面标高不宜超出自然地面；基础底面不宜出现零应力区，基础底面与地基之间零应力区面积不应超过基础底面面积的15%。

3 基础埋深的确定应综合考虑工程地质、荷载大小和相邻环境条件及地基土冻胀影响等因素。

4 板式基础或承台高度应满足柱脚预埋件、插入式或埋入式连接的抗拔要求，且不宜小于1 000mm，不宜采用坡形或台阶形截面。

5 基础混凝土强度等级不应低于C25，垫层混凝土强度等级不应低于C10，垫层厚度不宜小于100mm。

5.4.19 钢筒仓设计文件中，应对首次装卸料要求、沉降观测及标志设置等予以说明。对于独立布置的钢筒仓应设置沉降观测点。靠近钢筒仓处不宜设置堆料场，当必须设置时，应验算堆载对钢筒仓结构及地基的不利影响。

5.5 储料仓隔墙

5.5.1 储料仓隔墙一般采用悬臂直立式结构体系，隔墙高度不宜超过3.5m，可采用钢筋混凝土隔墙或钢柱-压型钢板隔墙。

5.5.2 钢筋混凝土隔墙的结构设计计算应按照现行国家标准《混凝土结构设计规范》（GB 50010）的规定执行；钢柱-压型钢板隔墙的结构设计计算应按照现行国家标准《钢结构设计标准》（GB 50017）和《冷弯薄壁型钢结构技术规范》（GB 50018）的规定执行。

5.5.3 当采用钢筋混凝土隔墙时，隔墙混凝土强度等级不应低于C25；当采用钢柱-压型钢板隔墙时，钢柱及压型钢板宜采用Q235钢和Q345钢，其质量应分别符合现行国家标准《碳素结构钢》（GB/T 700）和《低合金高强度结构钢》（GB/T 1591）的规定，并不应低于B级。当采用其他牌号的钢材时，应符合现行国家标准《钢结构设计标准》（GB 50017）的规定。

5.5.4 钢筋混凝土隔墙的厚度不宜小于300mm；除竖向主要受力方向上通过计算配筋外，其水平向应设置分布筋，且均应双层配筋，并通过拉筋或箍筋连接；钢筋直径不应小于8mm，竖向钢筋间距不宜大于200mm，水平钢筋间距不宜大于300mm，其最小配筋率及构造要求应符合现行国家标准《混凝土结构设计规范》（GB 50010）的规定。

5.5.5 钢柱-压型钢板隔墙的钢柱宜采用槽钢、工字钢或 H 型钢，截面高度不宜小于 160mm，钢柱间距根据计算确定，钢柱间宜通过钢梁或支撑相连；压型钢板宜采用镀锌钢板或镀铝钢板，板厚不应小于 0.5mm，压型钢板之间和压型钢板与钢柱之间的连接宜采用自攻螺钉连接，其中压型钢板之间宜搭接连接，其质量要求应符合现行自钻自攻螺钉系列标准（GB/T 15856.1～4、GB/T 3098.11）或自攻螺钉系列标准（GB/T 5282～5285）的规定执行。

5.5.6 钢筋混凝土隔墙的顶端水平位移限值不应超过隔墙高度的 1/125；钢柱-压型钢板隔墙的钢柱顶端水平位移限值不应超过钢柱高度的 1/125；压型钢板的挠度与跨度之比不宜超过 1/200。

5.5.7 储料仓隔墙设计时一般应考虑下列荷载：
1. 永久荷载：隔墙结构及附属设施自重。
2. 可变荷载：堆料荷载、风荷载（当隔墙处于非封闭环境时考虑）。

5.5.8 储料仓隔墙结构计算时，对不同荷载代表值及荷载组合应按现行国家标准《建筑结构荷载规范》（GB 50009）的规定执行。隔墙进行抗倾覆稳定和抗滑动稳定计算时，其抗倾覆稳定系数不宜小于 1.5，抗滑动稳定系数不宜小于 1.3。

5.5.9 储料仓隔墙按承载能力极限状态进行设计时，应采用荷载基本组合，计算应包括下列内容：
1. 混凝土隔墙受弯及抗剪承载力计算与配筋。
2. 钢柱、压型钢板构件及连接强度、稳定性计算。
3. 隔墙整体抗倾覆、抗滑动计算。
4. 隔墙与基础的连接锚固计算。

5.5.10 储料仓隔墙按正常使用极限状态进行设计时，应采用相关规范规定的荷载组合进行变形验算；对于钢筋混凝土隔墙，还应进行裂缝宽度验算。

5.5.11 对于钢柱-压型钢板隔墙，在满足结构计算要求的基础上，应根据外部环境对钢材的腐蚀采取相应的措施。

5.5.12 储料仓隔墙与基础应采用刚接连接。对于钢筋混凝土隔墙，墙体混凝土可与基础整体现浇，如图 5-7 所示；对于钢柱-压型钢板隔墙，钢柱柱脚可采用预埋锚栓连接、插入式或埋入式连接方式,如图 5-8 所示,且应符合现行国家标准《建筑地基基础设计规范》(GB 50007)的规定。

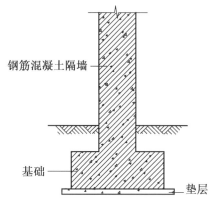

图 5-7 钢筋混凝土隔墙

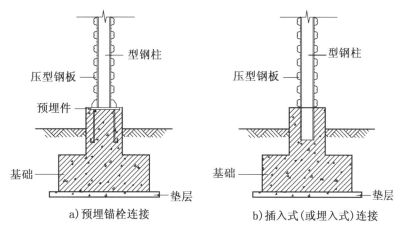

图 5-8 钢柱-压型钢板隔墙

5.5.13 储料仓隔墙基础一般采用条形基础。基础计算除应满足现行国家标准《建筑地基基础设计规范》(GB 50007)的相关要求外,尚应符合下列规定:

1 基础应根据隔墙单侧最不利堆载工况设计。

2 基础顶面高程不宜超出自然地面;基础底面不宜出现零应力区,基础底面与地基之间零应力区面积不应超过基础底面面积的 15%。

3 条形基础高度应满足柱脚预埋件、插入式或埋入式连接的抗拔要求,且不宜小于 500mm。

4 基础混凝土强度等级不应低于 C25,垫层混凝土强度等级不应低于 C10,垫层厚度不宜小于 100mm。

5.5.14 储料仓隔墙宜设置水平位移观测点。

6 建设与拆除

6.1 一般规定

6.1.1 "两区三厂"建设前，施工单位应编制建设与拆除总体方案（可合并编制），施工单位内审合格后报施工企业技术负责人审核，签字同意后报监理单位进行审批，总监理工程师审核签字同意后方可实施。

6.1.2 对于重要结构或工序，如钢筋加工厂、储料仓雨棚和隔墙、临时用电、厂区基础、重要节点连接、门式起重机的安装与拆除等，应编制专项施工方案；超过一定规模的危险性较大工程专项施工方案，应组织专家进行论证审查。

6.1.3 专项施工方案中应明确结构重点部位或关键工序及其质量控制标准，明确材料送检的种类、性能指标及频率。

6.1.4 "两区三厂"建设总体方案应包括：项目工程概况、编制依据、施工计划、施工准备、选址评估、规划方案（总体平面布置图、各工点平面布置图）、安全保证措施、质量保证措施、文明施工措施及应急预案、结构验算、建设队伍资质等内容。

6.1.5 "两区三厂"拆除总体方案应包括：拆除结构工程概况、施工计划、施工准备、拆除方案（拆除顺序、注意事项）、安全保证措施、质量保证措施、文明施工保证措施、扬尘防控保障措施、应急预案、设计图纸、使用说明书及出厂资料、拆除结构检测报告、维修检测记录、拆除单位资质和作业人员证件等内容。

6.1.6 "两区三厂"中大型钢结构、大型设备建设与拆除宜遵循"谁安装、谁拆除"原则。

6.1.7 建设与拆除作业前，施工单位应与安装、拆除单位签订合同，明确施工内容，并签订安全协议，明确安全责任。

6.1.8 食堂、厨房建设应符合现行行业标准《建设工程施工现场环境与卫生标准》（JGJ 146）相关要求。

6.2 安拆单位资质

6.2.1 活动板房应由具有轻型钢结构工程专业承包三级及以上资质的单位进行安装与拆除。

6.2.2 钢筋加工厂、储料仓等应由具有钢结构工程专业承包三级及以上资质的单位进行安装与拆除。

6.2.3 厂内门式起重机应由具有起重设备安装拆除资质的单位进行安装与拆除。

6.2.4 安装与拆除单位的施工资质应合格有效。

6.3 安全管理措施

根据事故发生类型、发生部位应对施工现场危险源进行辨识、评价和分级，对重大危险源采取有效的安全管控措施。

6.3.1 吊装作业安全管控措施

1 吊装作业应按现行国家标准《起重机械安全规程 第5部分：桥式和门式起重机》（GB 6067.5）的规定执行。

2 起重吊装作业前，应对起重机进行检查，保证其安全可靠，并检查以下事项：

1）吊装作业人员应正确佩戴质量合格的安全防护用品。

2）吊装作业前，应预先在吊装现场观察周边情况，设置安全警戒标志并设专职安全员监护，非施工人员严禁入内。

3）吊装作业前，应对起重吊装设备及钢丝绳、缆风绳、链条、吊钩等各种机具进行检查，确保安全。

4）吊装设备的安全装置应灵敏可靠，吊装前应试吊，确认可靠后方可作业。

6.3.2 高处作业安全管控措施

1 高处作业之前，施工单位应按现行行业标准《建筑施工高处作业安全技术规范》（JGJ 80）的规定，对安全防护设施和相关措施进行检查与验收，合格后方可施工。

2 恶劣天气（6级以上风、浓雾、沙尘暴、大雨等）不得进行露天攀登与悬空高处作业。

3 高处作业应系安全带，并遵循"高挂低用"原则，悬空作业应有可靠的安全防护设施。

4 高处作业人员按规定着装，宜穿软底防滑鞋，严禁穿拖鞋、硬底鞋和带钉易滑的靴鞋。

5 高处作业中所用物料应堆放平稳，不得置放于临边或洞口附近，且不得妨碍通行和装卸；对于有坠落隐患的物料、工具，应先行撤除或加以固定。

6 设置在结构上的直爬梯及其他登高攀件，应可靠连接，踏板承载力不应小于1.1kN。

7 移动式爬梯的梯脚应牢固，上端应有固定措施；人字式爬梯铰链应安全可靠。

8 高处作业严禁上下交叉作业，必要时应在上下两层之间用密铺棚板或其他措施隔离。

6.3.3 拆除作业安全管控措施

1 拆除作业前，应对拆除作业人员进行培训、交底和考核，合格后方可上岗作业，涉及特种作业人员应按规定取得特种操作证。

2 拆除作业应按施工组织设计、专项施工方案实施；拆除作业现场划定危险区域，设置警戒线和安全警示标志，并设专职安全员监护。

3 当遇大雨、大雪、大雾或六级及以上风力等影响施工安全的恶劣天气时，严禁露天拆除作业。

6.4 拆除后手续办理

1 拆除作业完成后，施工单位应及时清理场地，并根据建设协议进行复垦、绿化及原地貌恢复工作等；通过当地自然资源管理部门备案且协议双方确认后，共同办理移交手续。

7 验收

7.1 一般规定

7.1.1 验收包括过程验收和使用验收。

7.1.2 过程验收包括：材料进场验收、重要设施设备基础及关键连接部位的工序验收等，施工单位应将过程验收相关资料归档备查。

7.1.3 使用验收指"两区三厂"使用前进行的竣工验收，应按设计、施工方案要求，对主体及维护结构、安全距离、消防、用电、安全防护、防雷、防风等进行验收，验收内容见附录 D。

7.2 过程验收程序

7.2.1 材料进场验收

材料进场后，由施工单位通知监理单位现场见证取样，联合送检至有资质的检测单位，检测合格后方可使用。

7.2.2 基础及关键连接部位验收

关键工序施工完成后，施工单位应进行自检，合格后向监理单位提交自检资料，并申请现场验收，监理单位验收合格后方可进入下一道工序。关键工序验收程序如图 7-1 所示。

7.3 使用验收程序

"两区三厂"交付使用前，施工单位应进行自检，合格后向监理单位提交自检资料，并申请竣工验收，经监理单位验收合格且批复，报建设单位备案后，方可投入使用。使用前验收程序如图 7-2 所示。

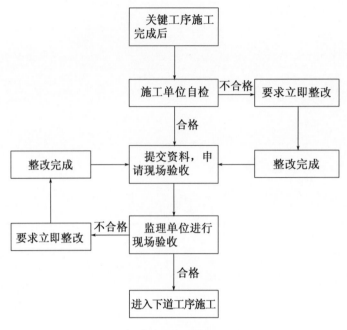

图 7-1　关键工序验收程序图

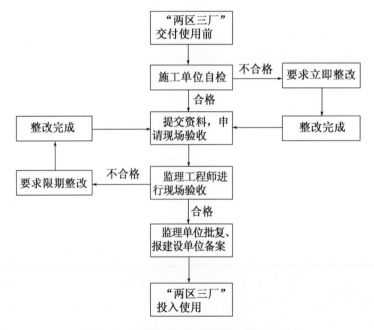

图 7-2　"两区三厂"使用前验收程序图

8 运营、维护与应急

8.1 一般规定

8.1.1 "两区三厂"运营管理应按现行行业标准《公路工程施工安全技术规范》（JTG F90）的规定执行。

8.1.2 "两区三厂"中特种设备的管理应符合以下基本规定：

1 特种设备的安装、改造、拆除等应由具备相应资质的单位承担，其安装、改造、拆除、使用、定期检验等应符合《中华人民共和国特种设备安全法》及有关安全法律法规的规定，核实设备的合规性，遵循特种设备安全使用管理规定。

2 特种设备应具有出厂合格证，安装完成之后应委托具有相应资质的检验检测机构进行检验，并取得检验检测合格证，按照《中华人民共和国特种设备安全法》办理使用登记手续后方可投入使用。

3 特种设备安全管理人员、检测人员和作业人员应按国家有关规定取得相应资格后方可从事相关工作，且应按安全技术规范的规定进行作业。

4 特种设备使用单位应按安全技术规范的规定进行操作，检验合格有效期届满前1个月内，向特种设备检验机构提出定期检验要求。

8.1.3 施工单位应建立健全"两区三厂"维护管理制度，指定专职管理人员，对施工现场的设施、设备进行检查、维修和保养，并保存相关记录。监理单位和建设单位应加强巡视，针对发现的问题督促施工单位整改落实。

8.1.4 "两区三厂"应急管理应遵循"以人为本、居安思危、预防为主"的原则。

8.2 运营

8.2.1 生活区、办公区

针对不同地质、地形条件，对"两区"的运营进行分级管理，分级标准可按表8-1采用。

表 8-1 "两区"运营分级管理标准

管理级别	分级描述	技术指标	应对措施
A 级	泥石流、地震、洪水、滑坡等灾害多发区	地质灾害危险性评估等级为"大"	严格落实地质灾害危险性评估结论中的防护措施。 对周边环境（山体边坡、山谷沟壑、危岩、地裂缝等）每月至少进行一次综合调查，恶劣天气加密频率。 每年针对泥石流、地震、洪水、滑坡等灾害事故进行应急救援演练
B 级	地势较为起伏的丘陵地区	地质灾害危险性评估等级为"中"	严格落实地质灾害危险性评估结论中的防护措施。 对周边环境（边坡、水位等）每季度至少进行一次综合调查
C 级	地势较为平坦的平原地区	地质灾害危险性评估等级为"小"	对地表沉降定期进行观测

8.2.2 钢筋加工厂

1 钢筋堆放高度不应大于 2m，对于捆绑的圆形箍筋和钢筋笼，其叠放层数不应大于 2 层。

2 机械运转过程中，严禁进行检修和清扫工作。

3 戈壁和沿海地区大风或台风登陆时，应提前拉设缆风绳，缆风绳与地面的夹角宜为 35°~45°，最大不宜超过 60°。

4 当持续降雪时，应及时清理积雪或采取撒盐、喷洒融雪剂、有效安全升温等措施进行融雪，并密切观测主体及围护结构的变形情况。

8.2.3 拌和厂

1 沥青拌和楼作业时，当自动点火设备连续两次点火不成功，严禁继续点火，应立即停机并派专人检查。

2 作业人员在沥青拌和设备周边操作、检查时，应注意避让高温管道、炉罐，防止灼烫。

3 搅拌作业时，主楼 15m 范围内设置安全警戒区，严禁非工作人员走动，罐车司机应规范操作，听从搅拌手鸣笛指挥。

4 混凝土拌和楼工作时，严禁在砂石料配料仓之间清理落料。需要清理时，必须停止配料，关闭所有电源。

5 高海拔寒冷地区沥青拌和场导热油管道须包裹隔热材料。

8.2.4 预制厂

1 预制梁安设钢筋、模板及浇筑、养护混凝土等作业时，上下梁体应采用专用爬梯，如图8-1所示。

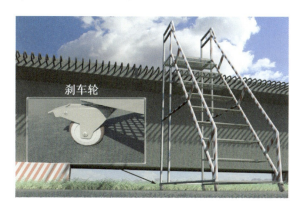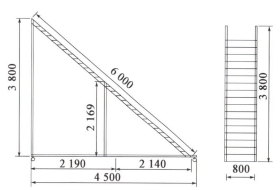

图8-1 上下梁简易爬梯图（尺寸单位：mm）

2 预应力张拉作业、量测伸长值或挤压夹片时，沿千斤顶顶力作用方向不得站人，以防预应力断筋或锚具、夹片弹出伤人，且在两端设置张拉挡板，如图8-2所示。

图8-2 智能张拉压浆隔离防护挡板实景图

3 T梁严禁叠放，箱梁叠放不应超过2层，空心板梁叠放不应超过3层；梁体端头两侧设置临时支撑固定，并预留宽度不小于1m的人行通道。

4 为防止门式起重机脱轨，50t以下门式起重机行驶速度不应大于20m/min，50t及以上门式起重机行驶速度不应大于15m/min。门式起重机使用过程中应控制主钩提升速率，一般不得超过10m/min。

5 梁板吊放时，吊具的钢丝绳与梁板接触部位应设置卡槽和衬垫，防止梁板磨损、崩角及钢丝绳磨损。

8.2.5 特种设备管理

8.2.5.1 本章节特种设备的管理主要是针对容易引起群死群伤的门式起重机和液化天然气站两种特种设备。

8.2.5.2 管理要求

1 特种设备的安装与拆除应符合本指南第6章相关要求。

2 使用单位应建立特种设备定人定机、定期检查制度，经监理单位审批同意后实施。

3 特种设备进场后，使用单位按照"一机一档"要求建档，安全技术档案应当包括以下内容：

1）特种设备的设计文件、产品质量合格证明、安装及使用维护保养说明、检验检测报告等相关技术资料和文件。

2）特种设备的定期检验和定期自行检查记录。

3）特种设备的日常使用状况记录。

4）特种设备及其附属仪器仪表、安全装置的维护保养记录。

5）特种设备的运行故障和事故记录。

4 特种设备及操作人员发生变动时，应报送监理单位审批。

5 特种设备作业现场应设有设备出厂合格证、检验检测报告、使用登记证和人员操作证，以及相关安全操作规程牌、机械设备标识牌等告示或安全警示标牌。

6 特种设备的安全防护、保险限位装置及各种安全信号装置应齐全有效，严禁带故障运行。

8.2.5.3 技术要求

1 门式起重机

1）门式起重机应设置视频监控系统，方便实时监控现场施工；推荐设置人脸或指纹识别系统，严禁非持证人员进行操作，如图8-3所示。

图8-3 门式起重机安全装置

2）门式起重机停止使用时应锁紧夹轨器，宜采用电动式夹轨器；室外门式起重机在长时间停止作业或遇恶劣天气时应拉设缆风绳。

3）门式起重机的起重小车、大车应设置行走限位器，限位器采取行程开关的方式；行走端头应设置防撞缓冲装置和车挡，保证其灵敏有效；设置起升高度限位器，合理控制被吊物离地高度，确保吊运过程安全可靠。

4）门式起重机吊钩应安装灵敏有效的防脱钩装置。

5）门式起重机应设置声光报警装置，配备高音喇叭，行走时应发出报警信号，并应设置超载报警安全装置，超载时发出报警信号。

6）门式起重机检修爬梯应设置护笼。

7）门式起重机电缆宜采用滑线架供电；当采用收线器放缆方式供电时，应设置防磨损设施，严禁电缆拖地运行。

8）门式起重机行走端头应设置扫轨器，防止脱轨。

2 液化天然气站

1）液化天然气站应设置防雷、防静电设施，并由第三方检测机构出具防雷装置检测合格报告。

2）小型液化天然气瓶（组）供气系统应露天设置，宜设不可燃罩棚，其四周宜设置高度不低于2m的不可燃实体围墙；在汽化器入口前应设置远程控制的自动切断阀，并应与汽化器出口温度低限联锁。

3）天然气移动站供气系统应具有远程监测工作压力、工作温度、可燃气体浓度的能力，并具备报警和切断功能。

4）紧急切断系统应具有手动和自动启动功能。现场紧急切断按钮应设置在人员容易接近、方便操作的地方。远程按钮距保护对象不应小于15m。

5）卸料口的进液管道应设置止回阀，卸车软管应采用奥氏体不锈钢波纹软管。

6）储气罐与安全阀应设置切断阀门，安全阀应选用奥氏体不锈钢弹簧封闭全启式；进出液管应设置紧急切断器，并与储气罐液位控制联锁。

7）管线系统的支撑和隔热应安全可靠，对热胀冷缩产生的应力和位移应有预防措施。

8）液化天然气站应按现行国家标准《汽车加油加气站设计与施工规范》（GB 50156）和《建筑灭火器配置设计规范》（GB 50140）的规定设置灭火器：

①每1套撬装气化装置应配置不少于2具4kg手提式干粉灭火器；

②地上LNG储罐、槽车应配置不少于2台35kg推车式干粉灭火器；

③其他工艺装置区应按建筑面积每50m²配置不少于2具4kg手提式干粉灭火器；

④如缺乏消防供水，以上设施数量宜提高一倍进行设置。

8.3 维护

8.3.1 检查、维护及保养

1 根据"两区三厂"内使用设备设施的类别和特性，施工单位每月进行不少于两次自检，监理单位每月进行不少于一次巡检，检查内容详见附录E。自检的时间、内容和要求应符合有关安全技术规范的规定。

2 机械设备运转前，应仔细检查设备各部件、安全装置是否安全可靠。

3 施工单位应根据机械设备、安全防护设施的特点和使用状况，定期维护保养，发现异常情况及时处理，并做好记录，保证设备、设施处于安全可靠的状态。

4 机械设备存在下列情形之一时，施工单位应对设备进行全面检查和维护保养，消除安全隐患后方可使用：
1）经受了自然灾害（如火灾、水淹、地震、雷击、大风等）。
2）发生设备事故。
3）停止使用半年以上。

8.3.2 更换

设备、设施存在下列情形之一时，施工单位应对其进行更换或报废：

1 超过使用年限，主要部件磨损严重，设备效能达不到安全要求。
2 因意外灾害和重大事故导致严重损坏无法修复的。
3 政府强制淘汰的或由于技改等原因淘汰的。
4 维修后经检测达不到安全使用要求。

8.4 应急

8.4.1 开工前，施工单位应按现行国家标准《生产经营单位生产安全事故应急预案编制导则》（GB/T 29639）的规定和风险识别结果，编制"两区三厂"专项应急预案和现场处置方案。

8.4.2 施工单位应建立应急救援队伍，并配备必要的应急救援器材和设备。

8.4.3 施工单位每年应组织不少于一次"两区三厂"专项应急预案或现场处置方案应急演练，可采取桌面演练、实战演练等形式。

8.4.4 "两区三厂"发生突发事件时，施工单位应根据事件响应等级启动相应救援程序，并成立善后处理组，协调事件的善后处置工作，包括人员安置与补偿、现场清理、事故后果影响消除、生产秩序恢复等事项。

附录 A 不良地质判别表、初筛表

表 A-1 滑坡识别表

编号		名称		位置	
古（老）滑坡识别					
标志 类别	亚类	内 容			识别
形态	宏观形态	圈椅状地形、双沟同源、坡体后部平台出现洼地，与周围河流阶地、构造平台或风化差异平台不一致的大平台地形、不正常河流弯道，"大肚子"斜坡等			△
	微观形态	后倾台面地形、小台阶与平台相间、马刀树、坡体前方或侧边出现擦痕或镜面、表层坍滑广泛			△
地层	老地层	明显的产状变动、架空、松弛、破碎、大段孤立岩体掩覆在新地层之上、大段变形岩体位于土状堆积物之中			△
	新地层	变形或变位岩体被新地层掩覆、山体后部洼地出现局部湖相地层、变形或变位岩体上覆湖相地层、上游方出现湖相地层			△
变形等		古墓或古建筑变形、构成坡体的岩土结构零乱或强度低、开挖后易坍滑、斜坡前部地下水呈线状出露、古树等被掩埋			△
历史记载访问材料		发生滑坡或变形的记载和口述或国土部门已经确定的古（老）滑坡			☆
注：对应标志成立，在相应识别栏涂黑；上述存在▲成立，可初步判定为古（老）滑坡；若存在★成立，可直接判定为古（老）滑坡。					
新滑坡识别					
标志		内 容			识别
变形特征		坡体后缘及两侧有裂缝发育，坡体上的构筑物发生变形开裂，地表植被倾斜，坡体发生明显滑动、位移			☆
走访调查及新进记载材料		发生滑坡或变形的记载和口述或国土部门已经确定的滑坡			☆
注：对应标志成立，在相应识别栏涂黑；若存在★成立，可直接判定为滑坡。					
调查负责人		填表人		审核人	填表日期

注：1. 调查负责人为专业地质或岩土人员；审核人为施工单位项目总工（下同）。

2. 本指南中专业地质或岩土人员是指取得地质工程或岩土工程工程师及以上职称，或取得地质工程、岩土工程方向博士研究生学历，或高校地质工程、岩土工程方向讲师及以上职称的人。

表 A-2　不稳定斜坡识别表

编号		名称		位置	
标志	内　　容				识别
形态特征	坡度较陡，剖面形态上缓下陡，前缘临空				◇
变形特征	坡体后缘及两侧有裂缝发育，坡体上的构筑物发生变形开裂，地表植被倾斜，坡体正在发生变形				☆
地层	自然斜坡或人工边坡覆盖层厚度较大～大，土体呈软塑～可塑状或松散堆积状				◇
	自然斜坡或人工边坡基岩层面向外倾斜，节理裂隙发育，层间结合差，基岩斜坡（边坡）前缘临空，有潜在失稳风险				△
水文	坡体上地表水发育，坡脚有地下水渗出，且坡脚常处于地表径流的冲刷之下，有发展趋势，并有季节性泉水出露，岩土潮湿、饱水				◇
历史记载访问材料	根据记载和口述曾经发生过变形的斜坡或国土部门已经确定的不稳定斜坡				☆
注：对应标志成立，在相应识别栏涂黑；上述存在▲成立或2个及以上◆成立，可初步判定为不稳定斜坡，若存在★成立，可直接判定为不稳定斜坡。					
调查负责人		填表人		审核人		填表日期	

表 A-3　崩　塌　识　别　表

编号		名称		位置	
标志	内　　容				识别
形态特征	地形坡度高陡，存在危岩凹腔				◇
变形特征	危岩体发生变形开裂，部分岩体已经脱离母体或发生崩落破坏或土质高陡边坡发生崩塌				☆
坡脚堆积特征	坡脚堆积大量同岩性滚落块石（岩质崩塌）或堆积崩落的土体（土质崩塌）				△
地层	土质高陡边坡或自然斜坡，土体结构松散，土体间存在软弱面或土石界面处存在软弱面				◇
	岩体风化卸荷强烈，节理裂缝发育，裂隙张开或含充填，裂隙延、切较大～大，或平缓的软硬相间岩体或硬岩夹软岩岩层，形成危岩凹腔				△
水文	坡面地表水较发育，裂隙有地下水渗出				◇
历史记载访问材料	根据记载和口述曾经发生过危岩、崩塌或国土部门已经确定的崩塌点				☆
注：对应标志成立，在相应识别栏涂黑；上述存在▲成立或2个及以上◆成立，可初步判定为危岩崩塌，若存在★成立，可直接判定为危岩崩塌。					
调查负责人		填表人		审核人		填表日期	

表 A-4 泥石流判别表

编号		名称		位置		
标志		内　　容				识别
地形地貌条件		泥石流沟流域面积大，山体地形坡度较大，植被覆盖率低，沟谷断面呈"U形谷"或谷中谷				◇
沟道特征		泥石流沟相对高差大，沟道纵坡较大～大，沟内植被不发育，存在堵塞现象，沟口存在扇形地，沟道两侧有泥石流堆积现象，沟壁上有泥痕				☆
物源条件		测区坡体表层松散，不良地质现象发育（滑坡、崩塌、山坡泥石流等），松散物源储量较大～大，补给段长度比较大				◇
水源条件		测区降雨量大或降雨季节相对集中，24h降雨量较大，根据调查有山洪发生				◇
历史记载访问材料		根据记载和口述曾经发生过泥石流或国土部门已经确定的泥石流沟				☆
注：对应标志成立，在相应识别栏涂黑；上述2个及以上◆成立，可初步判定为泥石流沟，若存在★成立，可直接判定为泥石流沟。						
调查负责人		填表人		审核人		填表日期

表 A-5 地面塌陷识别表

编号		名称		位置		
标志		内　　容				识别
岩溶塌陷	水文及工程地质特征	周围以灰岩为主，周边地下存在大型溶洞、土洞，地下有暗河经过，上覆松散层厚度小于30m，地下水位变幅大				△
	变形特征	地面多处下陷、开裂，塌陷严重，地表建筑物开裂明显等				☆
采空塌陷	采空区特征	评估区下部存在采空区，开采深厚比小于80				△
	变形特征	地表存在塌陷和裂缝，地表建筑物开裂明显等				☆
历史记载访问材料		根据记载和口述曾经发生过地面塌陷或国土部门已经确定的地面塌陷点				☆
注：对应标志成立，在相应识别栏涂黑；上述存在▲成立，可初步判定为可能存在地面塌陷，若存在★成立，可直接判定为地面塌陷。						
调查负责人		填表人		审核人		填表日期

表 A-6 地裂缝识别表

编号		名称		位置		
标志		内　　容				识别
构造标志		评估区有活动断裂通过，中或晚更新世以来有活动，全新世以来活动强烈				△
变形特征		地表开裂明显，可见陡坎、斜坡、微缓坡、塌陷坑等微地貌现象；房屋裂缝明显				☆
历史记载访问材料		根据记载和口述曾经存在地裂缝或国土部门已经确定的地裂缝点				☆
注：对应标志成立，在相应识别栏涂黑；上述存在▲成立，可初步判定为可能会发生地裂缝，若存在★成立，可直接判定为地面塌陷。						
调查负责人		填表人		审核人		填表日期

表 A-7 地面沉降识别表

编号		名称		位置	
标志	内　　容				识别
变形特征	地表处于沉降变形中，周围建筑物变形开裂				☆
地层及水文	评估区存在冻土、砂土、软土、湿陷性黄土等特殊岩土或存在新近堆积填土，地下水水幅变化大				△
历史记载访问材料	根据记载和口述曾经发生过地面沉降或国土部门已经确定的地面沉降点				☆
注：对应标志成立，在相应识别栏涂黑；上述存在▲成立，可初步判定为可能存在地面沉降，若存在★成立，可直接判定为危岩崩塌。					
调查负责人		填表人		审核人	填表日期

表 A-8 水库坍岸识别表

编号		名称		位置	
标志	内　　容				识别
变形特征	评估区库岸再造强烈，由于库岸再造影响，库岸岸坡上正在发生变形开裂，建筑物开裂，树木倾斜				☆
地层及坡面形态	土质岸坡覆盖层厚度较大～大，土体结构松散，自然斜坡稳定坡角较小～小，岸坡坡度较陡，剖面形态上缓下陡，前缘临空				△
地层及坡面形态	岩质岸坡基岩层面或长大裂隙面向水库方向倾斜，节理裂隙发育，层间结合差，岩质软硬相间，基岩斜坡（边坡）前缘临空				△
历史记载访问材料	根据记载和口述曾经发生过水库坍岸或水利部门确定的水库坍岸点				☆
注：1. 岸坡一般指水库坍岸影响范围内到最低水位的斜坡岩土体。 2. 对应标志成立，在相应识别栏涂黑；上述存在▲成立，可初步判定为存在水库坍岸可能，若存在★成立，可直接判定为水库坍岸。					
调查负责人		填表人		审核人	填表日期

表 A-9 地质灾害评估调查表

编号		灾害（隐患）名称		位置关系	
地质环境要素					
地表形态及变形特征					
结构及体积特征					
发育程度		危害程度		诱发因素	
防治建议					
平面和剖面图（或照片）					
备注	根据《地质灾害危险性评估规范》（DZ/T 0286—2015）进行填写				
调查负责人		填表人		审核人		填表日期	

表 A-10 不良地质灾害初筛表

地质灾害种类	不良地质数量	规　模	发育程度	危害程度	是否启动简易地质灾害危险性评估
崩塌（危岩）					存在 1 种及 1 种以上不良地质灾害应启动地质灾害危险性评估
滑坡					
泥石流					
岩溶塌陷					
采空塌陷					
地面沉降					
地裂缝					
不稳定斜坡					
其他灾种（名称）					
注：地质灾害发育程度、危害程度根据《地质灾害危险性评估规范》（DZ/T 0286—2015），若存在不良地质灾害，应对应填写地质灾害调查表。					
调查负责人		填表人		审核人		填表日期	

附录 B 选址工作程序框图

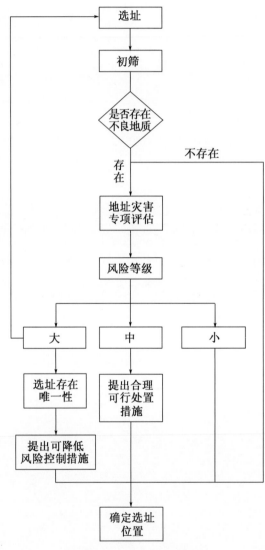

图 B-1 选址工作程序框图

附录 C 计算实例

C.1 钢筋加工厂门式刚架设计计算实例

C.1.1 概况

本工程为单层有吊车梁双坡单跨钢筋加工厂，位于广州市，长 96m，宽 24m，单榀间距 6m，共 17 榀刚架。刚架檐口高度 9m，牛腿顶标高 7.5m，屋面排水坡度 1:10，轻型屋面，端部设抗风柱。抗震设防烈度为 7 度，10 年一遇基本风压 $0.3kN/m^2$，吊车起重量 10t，屋面荷载、活载均取 $0.5kN/m^2$，采用 3D3S13.0 软件进行建模和分析，如图 C-1 ~ 图 C-3 所示。

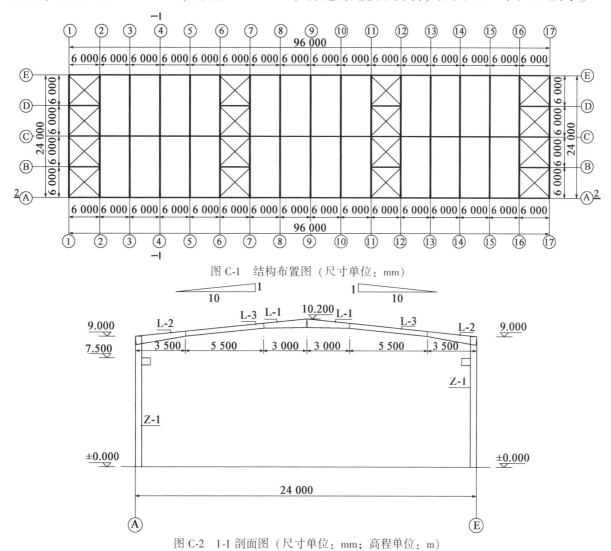

图 C-1 结构布置图（尺寸单位：mm）

图 C-2 1-1 剖面图（尺寸单位：mm；高程单位：m）

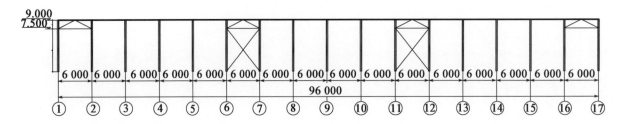

图 C-3 2-2 剖面图（尺寸单位：mm；高程单位：m）

C.1.2 刚架模型建立及分析

1 刚架建模信息

• 轴网布置信息：

横向轴线间距 6 000mm，纵向轴线间距 6 000mm。

• 刚架模型信息：

刚架为双坡单跨结构形式，跨度 24m，檐口高度 9m，牛腿顶标高 7.5m，屋面排水坡度 1:10，端部设抗风柱，抗风柱间距 6 000mm。刚架与抗风柱柱脚均采用刚接。

• 构件信息（表 C-1）：

表 C-1 构 件 表

名称	截面（mm）	类型	材质
Z-1	H500×350×10×14	刚架柱	Q345B
L-1	H650~350×250×8×12	屋面斜梁	Q345B
L-2	H650~350×250×8×12	屋面斜梁	Q345B
L-3	H350×250×8×12	屋面斜梁	Q345B

• 竖向荷载信息（表 C-2）：

表 C-2 竖 向 荷 载 表

荷 载	荷载值（kN/m²）
屋面恒载	0.5
屋面活载	0.5
墙面恒载	0.3

• 风荷载信息：

建筑类型：封闭式；

地面粗糙度：B 类；

10 年一遇基本风压：0.3kN/m²。

风荷载计算考虑左风、右风两种工况，风荷载体形系数按《门式刚架轻型房屋钢结构技术规范》（GB 51022—2015）取值。

- 地震作用：

规范：《建筑抗震设计规范》（GB 50011—2010）；

设防烈度：7 度，0.1g；

计算振型数：15；

场地类别：Ⅱ类；

地震分组：第一组。

- 荷载组合：

①1.0 恒载 + 1.0 屋面活载；

②1.20 恒载 + 1.40 屋面活载；

③1.20 恒载 + 1.40 风载；

④1.20 恒载 + 1.40 吊车荷载；

⑤1.20 恒载 + 1.40 风载 + 1.40 × 0.7 吊车荷载；

⑥1.20 恒载 + 1.40 × 0.6 风载 + 1.40 吊车荷载；

⑦1.20 恒载 + 1.40 风载 + 1.40 × 0.7 屋面活载；

⑧1.20 恒载 + 1.40 × 0.6 风载 + 1.40 屋面活载；

⑨1.20 恒载 + 1.40 吊车荷载 + 1.40 × 0.7 屋面活载；

⑩1.20 恒载 + 1.40 × 0.7 吊车荷载 + 1.40 屋面活载；

⑪1.20 恒载 + 1.40 风载 + 1.40 × 0.7 吊车荷载 + 1.40 × 0.7 屋面活载；

⑫1.20 恒载 + 1.40 × 0.6 风载 + 1.40 吊车荷载 + 1.40 × 0.7 屋面活载；

⑬1.20 恒载 + 1.40 × 0.6 风载 + 1.40 × 0.7 吊车荷载 + 1.40 屋面活载；

⑭1.35 恒载 + 1.40 × 0.7 屋面活载；

⑮1.35 恒载 + 1.40 × 0.6 风载 + 1.40 × 0.7 吊车荷载；

⑯1.35 恒载 + 1.40 × 0.6 风载 + 1.40 × 0.7 屋面活载；

⑰1.35 恒载 + 1.40 × 0.7 吊车荷载 + 1.40 × 0.7 屋面活载；

⑱1.35 恒载 + 1.40 × 0.6 风载 + 1.40 × 0.7 吊车荷载 + 1.40 × 0.7 屋面活载；

⑲1.20 恒载 + 1.20 × 0.5 屋面活载 + 1.3 水平地震。

2 吊车梁建模信息

吊车数：一台吊车；

工作级别：A1 ~ A5；

吊车轮数：2；

吊车轮子间间距：a1 = 0.94m，a2 = 4.05m，a3 = 0；

满载最大轮压：130kN；

满载最小轮压：49.2kN；

空载最大轮压：65.2kN；

空载最小轮压：48.4kN；

钢材类型：Q235B；

吊车梁长度：6m；
吊钩类型：软钩；
无制动结构；
支座形式：平板式。

3　刚架设计验算

构件应力比如图 C-4 所示。

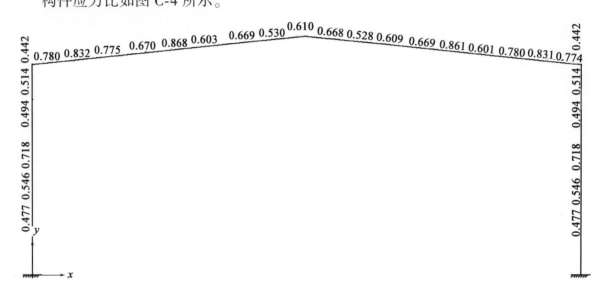

图 C-4　构件应力比图

经验算，主刚架应力比控制在 0.9，满足规范要求。

柱顶位移如图 C-5 所示。

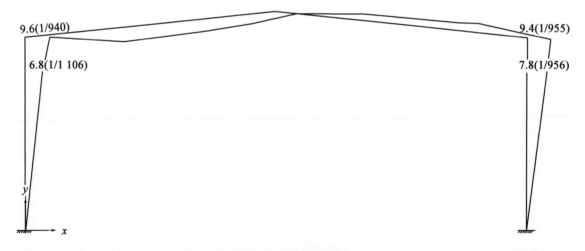

图 C-5　柱顶位移图

根据计算结果，中部各榀刚架柱顶位移值为 9.6mm，柱高 9 000mm，位移角 1/940，满足《门式刚架轻型房屋钢结构技术规范》（GB 51022—2015）第 3.3.1 条有桥式吊车，且吊车有驾驶室时，柱顶位移限值（$h/400$）的要求。

斜梁竖向挠度图 C-6 所示。

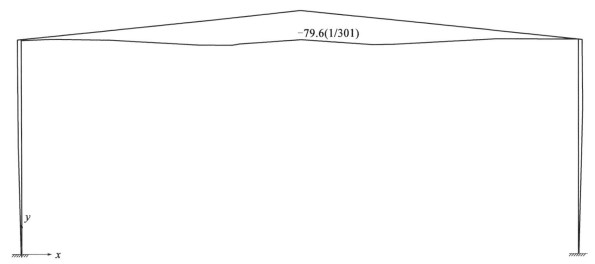

图 C-6 斜梁竖向挠度图

查询计算结果,中部各榀刚架斜梁竖向位移 79.6mm,与结构跨度之比 1/301,满足《门式刚架轻型房屋钢结构技术规范》(GB 51022—2015)第 3.3.2 条竖向挠度限值($L/180$)的规定。

4 吊车梁设计

吊车梁截面(mm):H650×300×8×12;

横向加劲肋:—600mm×90mm×6mm,对称布置,间距 700mm;

支座形式:平板式。

验算结果见表 C-3。

表 C-3 吊车梁验算结果表

强度校核	上翼缘强度验算应力比	0.788
	下翼缘强度验算应力比	0.471
	支座处剪应力验算应力比	0.439
	局部承压验算应力比	0.271
	支座加劲肋局部承压验算应力比	0.354
	腹板计算高度边缘折算应力比	0.525
刚度校核	实际挠度和容许挠度之比	0.677
稳定校核	整体稳定验算应力比	0.129
	支座加劲肋稳定验算应力比	0.314
焊缝校核	上翼缘与腹板连接角焊缝强度验算应力比	0.175
	下翼缘与腹板连接角焊缝强度验算应力比	0.175
	支座加劲肋与腹板连接角焊缝强度验算应力比	0.162

C.1.3 维护结构建模及分析

1 设计参数

1)屋面檩条

屋面坡度（°）：5.71；
檩条跨度（m）：6；
檩条间距（m）：1.5；
檩条形式：冷弯卷边槽钢；
檩条截面（mm）：C160×70×20×3.0；
钢材类型：Q345B；
拉条设置：设一道拉条；
拉条直径（mm）：12。

2）墙面檩条
檩条形式：冷弯卷边槽钢；
檩条截面（mm）：C160×70×20×3.0；
钢材类型：Q345B；
拉条设置：设一道拉条；
拉条直径（mm）：12；
檩条布置方式：口朝下。

3）隅撑
钢材类型：Q235B；
隅撑截面（mm）：∟50×5角钢；
隅撑布置方式：间隔一排布置。

4）屋面支撑
钢材类型：Q235B；
支撑截面（mm）：ϕ20圆钢；
支撑间水平系杆（mm）：ϕ114×5圆管。

5）柱间支撑
钢材类型：Q235B；
上层支撑截面（mm）：ϕ20圆钢；
下层支撑截面（mm）：ϕ140×5圆管；
支撑间水平系杆（mm）：ϕ114×5圆管。

2 简支屋檩设计

采用探索者TSSD2017对简支屋檩进行验算，验算内容见表C-4。

表C-4 简支屋檩验算结果表

验算项	控制工况	结果	限值	是否通过
受弯强度（N/mm²）	1.2恒载+1.4活载	222	300	通过
挠度（mm）	1.0恒载+1.0活载	34.6	40	通过
Y轴长细比	—	118.6	200	通过
X轴长细比	—	95.4	200	通过

《门式刚架轻型房屋钢结构技术规范》(GB 51022—2015)第9.1.5条规定,当屋面能阻止檩条侧向位移和扭转时,实腹式檩条可仅进行强度计算,故在此不做整体稳定性验算。

C.1.4 柱脚设计

根据柱脚反力,柱脚设计采用MTSTool 4.6.1.0软件进行计算(图C-7)。对柱脚底板尺寸、加劲肋布置、抗剪键设置、锚栓布置、焊缝强度等进行验算。

a)

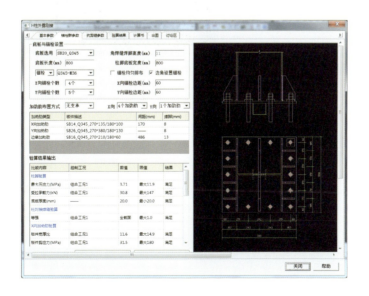

b)

图 C-7

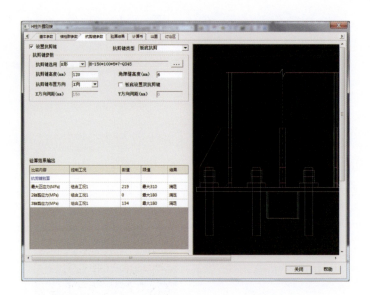

c)

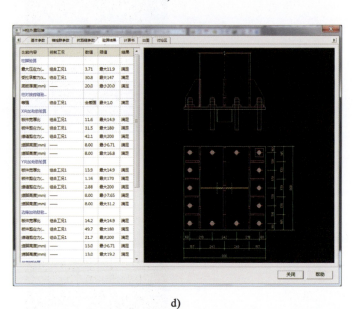

d)

图 C-7　MTSTool 软件柱脚验算图

C.2　储料罐钢筒仓抗倾覆稳定验算

根据图 C-8，储料罐钢筒仓的抗倾覆稳定验算按下式计算：

$$K_t = \frac{(G_1 + G_2)b_1}{F_w(h + h_1)} \geqslant 1.5$$

式中，当筒仓为空仓时（$G_2 = 0$），抗倾覆稳定验算最为不利。

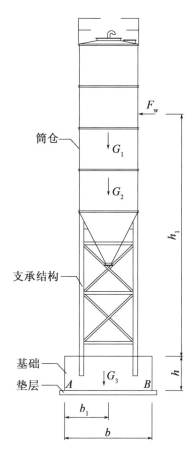

图 C-8 筒仓抗倾覆验算示意图

G_1-筒仓和支承结构自重；G_2-储料荷载；G_3-基础自重和基础上的土重；F_w-等效风荷载；A-倾覆点；b-基础宽度；h-基础高度；b_1-G_1、G_2、G_3作用点至倾覆点的水平距离；h_1-F_w作用点至基础顶面的竖直距离

C.3 储料仓钢筋混凝土隔墙设计计算实例

C.3.1 概况

某储料仓钢筋混凝土隔墙高度3m（地坪以上），墙厚 $t=400\mathrm{mm}$，混凝土强度等级为C30，钢筋为HRB400。

堆料为干砂，重力密度 $\gamma=16\ \mathrm{kN/m^3}$，内摩擦角为30°，最大堆积高度 $s=2.5\mathrm{m}$。

场地土层为中砂，基底摩擦系数为0.5。基础采用条形基础，混凝土强度等级为C30，钢筋为HRB400，基础埋深600mm。钢筋混凝土隔墙示意图如图C-9所示。

C.3.2 设计依据

《混凝土结构设计规范》（GB 50010—2010）
《建筑地基基础设计规范》（GB 50007—2011）
《建筑结构荷载规范》（GB 50009—2012）

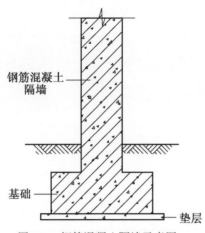

图 C-9 钢筋混凝土隔墙示意图

C.3.3 钢筋混凝土隔墙设计

1 荷载与内力计算

取 1m 宽墙带作为计算单元。

1) 隔墙结构自重

隔墙自重标准值：

$$G_{wk} = 1 \times 0.4 \times 3.1 \times 25 = 31 \text{kN}$$

2) 堆料荷载

堆料对隔墙的作用如图 C-10 所示。

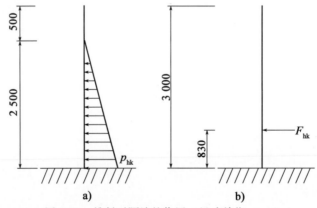

图 C-10 堆料对隔墙的作用（尺寸单位：mm）

堆料作用于隔墙的侧压力系数 k：

$$k = \tan^2\left(45° - \frac{\varphi}{2}\right) = \tan^2\left(45° - \frac{30°}{2}\right) = \tan^2(30°) = \frac{1}{3}$$

堆料作用于隔墙带底部的水平压力标准值 p_{hk}：

$$p_{hk} = k\gamma s b = \frac{1}{3} \times 16 \times 2.5 \times 1 = 13.33 \text{kN/m}$$

则作用于隔墙带的水平合力标准值 F_{hk}：

$$F_{hk} = \frac{1}{2}p_{hk}s = \frac{1}{2} \times 13.33 \times 2.5 = 16.67 \text{kN}$$

合力作用点为距离地面 $S_v = \frac{1}{3} \times 2.5 = 0.83\text{m}$ 处。

3）内力计算

隔墙按悬臂构件计算，支座弯矩标准值：

$$M_k = F_{hk} \times S_v = 16.67 \times 0.83 = 13.84\text{kN}\cdot\text{m}$$

则支座弯矩设计值：

$$M = 1.4 \times M_k = 1.4 \times 13.84 = 19.4\text{kN}\cdot\text{m}$$

支座剪力设计值：

$$V = 1.4 \times F_{hk} = 1.4 \times 16.67 = 23.34\text{kN}$$

2 配筋计算

环境类别为一类，混凝土型号为C30，隔墙板的最小保护层厚度 $c=15\text{mm}$。墙厚 $t=400\text{mm}$，则截面有效宽度 $t_0=400-25=375\text{mm}$；墙带宽 $b=1\,000\text{mm}$。C30混凝土受压区等效矩形应力图系数 $\alpha_1=1.0$，$f_c=14.3\text{N/mm}^2$，$f_t=1.43\text{N/mm}^2$，HRB400钢筋抗拉强度设计值 $f_y=360\text{N/mm}^2$。

截面抵抗矩系数：

$$\alpha_s = \frac{M}{\alpha_1 f_c b t_0^2} = \frac{19.4 \times 10^6}{1.0 \times 14.3 \times 1\,000 \times 375^2} = 0.01$$

相对受压区高度：

$$\xi = 1 - \sqrt{1-2\alpha_s} = 1 - \sqrt{1-2\times0.01} = 0.01 < \xi_b = 0.518$$

则钢筋面积：

$$A_s = \xi b t_0 \alpha_1 \frac{f_c}{f_y} = 0.01 \times 1\,000 \times 375 \times 1.0 \times \frac{14.3}{360} = 149.7\text{mm}^2$$

最小配筋率：

$$\rho_{\min} = \max\left\{0.2\%, 0.45\frac{f_t}{f_y}\right\} = \max\left\{0.2\%, 0.45 \times \frac{1.43}{360}\right\} = 0.2\%$$

最小配筋面积：

$$A_{s,\min} = \rho_{\min} b t = 0.2\% \times 1\,000 \times 400 = 800\text{mm}^2$$

实际竖向受力筋为⌀18@200，$A_{s1}=1\,272\text{mm}^2$。

配筋率：

$$\rho = \frac{A_{s1}}{bt_0} = \frac{1\,272}{1\,000 \times 375} = 0.34\%$$

水平向分布筋为⌀16@200，$A_{s2}=1\,005\text{mm}^2$，$\rho = \frac{A_{s2}}{bt_0} = \frac{1\,005}{1\,000 \times 375} = 0.27\%$

满足要求。

3 斜截面受剪承载力验算

$$0.7\beta_h f_t b t_0 = 0.7 \times 1.0 \times 1.43 \times 1\,000 \times 375 = 375\,375\text{N} > V = 23.34\text{kN}$$

满足要求。

4　墙体变形验算

C30 混凝土轴心抗拉强度标准值：
$$f_{tk} = 2.01 \text{N/mm}^2$$

有效混凝土受拉截面面积：
$$A_{te} = 0.5bh = 0.5 \times 1 \times 0.4 = 0.2 \text{m}^2$$

有效受拉混凝土截面面积计算的纵向受拉钢筋配筋率：
$$\rho_{te} = \frac{A_s}{A_{te}} = \frac{1272}{0.2 \times 10^6} = 0.64\% < 0.01$$

取 $\rho_{te} = 0.01$。

按荷载准永久组合计算的截面弯矩：
$$M_q = 0.8 F_{hk} S_v = 0.8 \times 16.67 \times 0.83 = 11.07 \text{kN·m}$$

$$\sigma_{sq} = \frac{M_q}{0.87 h_0 A_s} = \frac{11.07 \times 10^6}{0.87 \times 375 \times 1272} = 26.68 \text{N/mm}^2$$

应变不均匀系数 $\psi = 1.1 - 0.65 \dfrac{f_{tk}}{\rho_{te}\sigma_{sq}} = 1.1 - 0.65 \times \dfrac{2.01}{0.01 \times 26.68} = -3.8 < 0.2$

取 $\psi = 0.2$。

C30 混凝土弹性模量为 $E_c = 3.00 \times 10^4 \text{N/mm}^2$

$$\alpha_E = \frac{E_s}{E_c} = \frac{2.06 \times 10^5}{3.00 \times 10^4} = 6.87$$

则短期截面弯曲刚度：
$$B_s = \frac{E_s A_s h_0^2}{1.15\psi + 0.2 + \dfrac{6\alpha_E \rho}{1 + 3.5\gamma_f'}} = \frac{2.06 \times 10^5 \times 1272 \times 375^2}{1.15 \times 0.2 + 0.2 + \dfrac{6 \times 6.87 \times 0.34\%}{1 + 3.5 \times 0}}$$
$$= 6.46 \times 10^{13} \text{ mm}^4$$

长期作用影响的刚度：
$$B = \frac{M_k}{M_q(\theta - 1) + M_k} B_s = \frac{13.84}{11.07 \times (1.6 - 1) + 13.84} \times 6.46 \times 10^{13}$$
$$= 4.37 \times 10^{13} \text{ mm}^4$$

查《建筑结构静力计算手册》，悬臂构件在三角形荷载作用下的挠度为 $f_A = \dfrac{ql^4}{30EI}$，转角为 $\theta_A = -\dfrac{ql^3}{24EI}$。

则墙顶水平位移计算公式为 $f_w = \dfrac{p_{hk} s^4}{30B} + \dfrac{p_{hk} s^3}{24B} \times h_1$，其中 s 为堆积堆料的高度，h_1 为未堆积堆料的高度，即：

$$f_w = \frac{p_{hk} s^4}{30B} + \frac{p_{hk} s^3}{24B} \times h_1$$

$$= \frac{13.33 \times 2.5^4 \times 10^{12}}{30 \times 4.37 \times 10^{13}} + \frac{13.33 \times 2.5^3 \times 10^9}{24 \times 4.37 \times 10^{13}} \times 0.5 \times 10^3$$

$$= 0.50 \text{mm} < \frac{s}{125} = \frac{3\,000}{125} = 24 \text{mm}$$

满足要求。

5 裂缝宽度验算

$$w_{\max} = \alpha_{cr}\psi \frac{\sigma_{sq}}{E_s}\left(1.9c_s + 0.08\frac{d_{eq}}{\rho_{te}}\right)$$

$$= 1.9 \times 0.2 \times \frac{26.68}{2.06 \times 10^5} \times \left(1.9 \times 20 + 0.08 \times \frac{18}{0.01}\right)$$

$$= 0.009 \text{mm} < w_{\lim} = 0.2 \text{mm}$$

满足要求。

C.3.4 基础设计

基础采用条形基础，混凝土强度为 C30，钢筋为 HRB400，则 C30 混凝土受压区等效矩形应力图系数 $\alpha_1 = 1.0$，$f_c = 14.3 \text{N/mm}^2$，$f_t = 1.43 \text{N/mm}^2$，HRB400 钢筋抗拉强度设计值 $f_y = 360 \text{N/mm}^2$。基础埋深 600mm。

1 地基承载力特征值计算

地基承载力特征值取 $f_{ak} = 120 \text{kPa}$。

基础埋置深度为 0.6m > 0.5m，需对地基承载力特征值进行修正，即：

$$f_a = f_{ak} + \eta_b \gamma(b-3) + \eta_d \gamma_m(d-0.5)$$

$$= 120 + 3.0 \times 18.2 \times (3-3) + 4.4 \times 18.2 \times (0.6-0.5)$$

$$= 128.0 \text{kPa}$$

2 荷载计算

如前，由隔墙自重提供的竖向荷载标准值为 $G_{wk} = 31 \text{kN}$，则基础所受的竖向荷载设计值：

$$F_{bv} = 1.2 \times 31 = 37.2 \text{kN}$$

由堆料提供的水平荷载标准值为 $F_{hk} = 16.67 \text{kN}$，则基础所受的水平荷载设计值：

$$F_{bh} = 1.4 \times 16.67 = 23.3 \text{kN}$$

3 尺寸确定

对于墙下条形基础，取基础长方向单位长度 1m 进行计算。

根据基础底面平均压力 $p_k \leq f_a$，则条形基础宽度：

$$w_b \geq \frac{G_{wk}}{(f_a - \gamma_G d) \times b} = \frac{31}{(128.0 - 20 \times 0.6) \times 1} = 0.27 \text{m}$$

根据基础受剪承载力验算公式：

$$V_s \leq 0.7\beta_{hs} f_t A_0$$

基础有效高度：

$$h_0 \geq \frac{F_{bh}}{0.7\beta_{hs} f_t b} = \frac{23.3}{0.7 \times 1 \times 1.43 \times 1} = 23.3 \text{mm}$$

因此实际取基础高 $h = 500$mm，则 $h_0 = 455$mm，宽 $w_b = 1\,400$mm，垫层厚度为 100mm，每边伸出基础 100mm（图 C-11）。

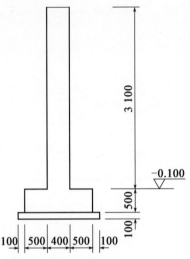

图 C-11 基础尺寸图（尺寸单位：mm；高程单位：m）

基础顶面堆料自重标准值（考虑单侧堆料）：

$$G_{sk} = \gamma s b \frac{w_b - t}{2} = 16 \times 2.5 \times 1 \times \frac{1.4 - 0.4}{2} = 20\text{kN}$$

混凝土墙自重标准值：

$$G_{wk} = 31\text{kN}$$

基础自重标准值：

$$G_{bk} = 1.4 \times 0.6 \times 1 \times 20 = 16.8\text{kN}$$

隔墙所受水平合力标准值：

$$F_{hk} = 16.67\text{kN}$$

偏心距：

$$e = \frac{M_k}{G_k} = \frac{16.67 \times (0.83 + 0.6) - 20 \times 0.45}{31 + 16.8 + 20} = 0.22\text{m} < \frac{b}{6} = \frac{1\,400}{6} = 0.23\text{m}$$

偏心荷载作用时还需验算 $p_{kmax} \leq 1.2f_a$：

$$p_{kmax} = \frac{G_{wk} + G_{sk} + G_{bk}}{A} + \frac{F_{hk} \cdot (S_v + d) - G_{sk}S_s}{\dfrac{bw_b^2}{6}}$$

$$= \frac{31 + 16.8 + 20}{1.4 \times 1} + \frac{16.67 \times (0.83 + 0.6) - 20 \times 0.45}{\dfrac{1 \times 1.4^2}{6}}$$

$$= 93.6\text{kPa} < 1.2f_a = 1.2 \times 128.0 = 153\text{kPa}$$

满足要求。

基础高度 $h = 500$mm < 800mm，则受冲切承载力截面高度影响系数：

$$\beta_{hp} = 1.0$$

冲切破坏锥体最不利一侧斜截面的上边长：

$$a_t = 1\,000\text{mm}$$

冲切破坏椎体最不利一侧斜截面在基础底面积范围内的下边长：

$$a_b = 1\,000\text{mm}$$

冲切破坏椎体最不利一侧计算长度：

$$a_m = \frac{a_t + a_b}{2} = \frac{1\,000 + 1\,000}{2} = 1\,000\text{mm}$$

地基土单位面积净反力：

$$p_j = 1.2 \times \frac{G_{wk} + G_{sk} + G_{bk}}{A} + 1.4 \times \frac{F_{hk} \cdot (S_v + d) - G_{sk} \cdot x_G}{\dfrac{bw_b^2}{6}}$$

$$= 1.2 \times \frac{31 + 20 + 16.8}{1.4 \times 1} + 1.4 \times \frac{16.67 \times (0.83 + 0.6) - 20 \times 0.45}{\dfrac{1 \times 1.4^2}{6}}$$

$$= 132.7\text{kPa}$$

冲切验算时取用的部分基底面积：

$$A_1 = (500 - 455) \times 1\,000 = 45\,000\text{mm}^2$$

地基土净反力设计值：

$$F_1 = p_j A_1 = 132.7 \times 45\,000 \times 10^{-3} = 5\,971.5\text{N} \approx 5.97\text{kN}$$

$$0.7\beta_{hp} f_t a_m h_0 = 0.7 \times 1.0 \times 1.43 \times 1\,000 \times 455/1\,000$$

$$= 455.5\text{kN} > F_1 = 5.97\text{N}$$

满足抗冲切承载力要求。

4 配筋计算

取基础纵向方向单位长度 1m 进行计算。

基础顶部竖向荷载设计值：

$$F_{bv} = 1.2 \times (G_{wk} + G_{sk}) = 1.2 \times (31 + 20) = 61.2\text{kN}$$

受偏心荷载时，基础底面边缘的最大压力值：

$$p_{\max} = 1.2 \times \frac{G_{wk} + G_{sk} + G_{bk}}{A} + 1.4 \times \frac{F_{hk} \cdot (S_v + d) - G_{sk} \cdot x_G}{\dfrac{bw_b^2}{6}}$$

$$= 1.2 \times \frac{31 + 20 + 16.8}{1.4 \times 1} + 1.4 \times \frac{16.67 \times (0.83 + 0.6) - 20 \times 0.45}{\dfrac{1 \times 1.4^2}{6}}$$

$$= 132.7\text{kPa}$$

相应地，基础底面边缘的最小压力值：

$$p_{\min} = 1.2 \times \frac{G_{wk} + G_{sk} + G_{bk}}{A} - 1.4 \times \frac{F_{hk} \cdot (S_v + d) - G_{sk} \cdot x_G}{\dfrac{bw_b^2}{6}}$$

$$= 1.2 \times \frac{31 + 20 + 16.8}{1.4 \times 1} - 1.4 \times \frac{16.67 \times (0.83 + 0.6) - 20 \times 0.45}{\dfrac{1 \times 1.4^2}{6}}$$

$$= -16.5 \text{kPa}$$

$$p = p_{\max} - \frac{p_{\max} - p_{\min}}{w_b} \times b_1 = 132.7 - \frac{132.7 - (-16.5)}{1.4} \times 0.5$$

$$= 79.4 \text{kPa}(墙根部)$$

$$M = \frac{1}{6}b_1^2 \left(2p_{\max} + p - \frac{3 \times 1.2 G_{bk}}{A}\right)$$

$$= \frac{1}{6} \times 0.5^2 \times \left(2 \times 132.7 + 79.4 - \frac{3 \times 1.2 \times 16.8}{1.4 \times 1}\right)$$

$$= 12.57 \text{kN} \cdot \text{m}$$

$$A_s = \frac{M}{0.9 f_y h_0} = \frac{12.57 \times 10^6}{0.9 \times 360 \times 455} = 85.3 \text{mm}^2$$

最小配筋率：

$$\rho_{\min} = \max\left\{0.2\%, 0.45\frac{f_t}{f_y}\right\} = \max\left\{0.2\%, 0.45 \times \frac{1.43}{360}\right\} = 0.2\%$$

实际横向配筋取 Φ20@200，每米钢筋总面积为 $A_{s1} = 1570 \text{ mm}^2$。
横向钢筋配筋率：

$$\rho = \frac{A_{s1}}{bh_0} = \frac{1570}{1000 \times 455} = 0.35\% \geqslant \rho_{\min}\frac{h}{h_0} = 0.2\% \times \frac{400}{335} = 0.24\%$$

纵向配筋取 Φ20@250，每米钢筋总面积为 $A_{s2} = 1256 \text{ mm}^2$。
纵向钢筋配筋率：

$$\rho = \frac{A_{s2}}{bh_0} = \frac{1256}{1000 \times 455} = 0.28\% \geqslant \rho_{\min}\frac{h}{h_0} = 0.2\% \times \frac{400}{335} = 0.24\%$$

满足要求。

5 稳定验算

计算简图如图 C-12 所示。

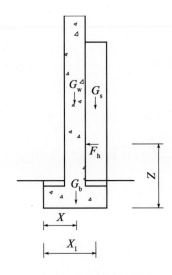

图 C-12 基础稳定验算图

隔墙重力设计值：
$$G_w = 1G_{wk} = 1 \times 31 = 31\text{kN}$$
基础与基础顶面土体重力设计值：
$$G_b = 1G_{bk} = 1 \times 16.8 = 16.8\text{kN}$$
基础顶面堆料自重设计值：
$$G_s = 1G_{sk} = 1 \times 20 = 20\text{kN}$$
水平荷载设计值：
$$F_h = 1F_{hk} = 1 \times 16.67 = 16.67\text{kN}$$
抗倾覆稳定验算：
$$K_t = \frac{G_w x + G_b x + G_s x_1}{F_h z} = \frac{31 \times 0.7 + 16.8 \times 0.7 + 20 \times 1.15}{16.67 \times (0.83 + 0.6)}$$
$$= 2.37 \geqslant K_{ov} = 1.5$$
抗滑移稳定验算：
$$K_c = \frac{f(G_w + G_b + G_s)}{F_h} = \frac{0.5 \times (31 + 16.8 + 20)}{16.67} = 2.03 > 1.3$$
以上稳定验算均满足要求。

C.4 储料仓钢柱-压型钢板隔墙设计计算实例

C.4.1 概况

某储料仓采用钢柱-压型钢板隔墙（图 C-13），高度 3m（地坪以上），压型钢板采用 YX76-305-915，材质为 Q235B 钢，板厚 $t = 1.2\text{mm}$，截面惯性矩 $I = 160.64\text{cm}^4/\text{m}$，截面抵抗矩 $W = 44.70\text{cm}^3/\text{m}$，展开宽度 $w = 1\,250\text{mm}$，截面有效宽度 $w_{ef} = 915\text{mm}$。钢柱选用 H 型钢 HW175×175×7.5×11，柱距 $l_c = 1.5\text{m}$，材质为 Q345B 钢，截面抵抗矩 $W_x = 331\text{cm}^3$，$W_y = 112\text{cm}^3$，惯性矩 $I_x = 2\,900\text{cm}^4$，单位质量 $\rho_s = 40.3\text{kg/m}$，截面积 $A = 51.43\text{cm}^2$，回转半径 $i_x = 7.50\text{cm}$，$i_y = 4.37\text{cm}$。

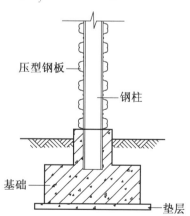

图 C-13 钢柱-压型钢板隔墙示意图

堆料为干砂，重力密度 $\gamma=16\mathrm{kN/m^3}$，内摩擦角为 $30°$，最大堆积高度 $s=2.5\mathrm{m}$。场地土层为中砂，基底摩擦系数为 0.5。基础采用条形基础，混凝土强度等级为 C30，钢筋为 HRB400，基础埋深 600mm。

C.4.2 设计依据

《钢结构设计标准》（GB 50017—2017）
《混凝土结构设计规范》（GB 50010—2010）
《建筑地基基础设计规范》（GB 50007—2011）
《建筑结构荷载规范》（GB 50009—2012）

C.4.3 压型钢板墙面设计

1 荷载与内力计算

1）隔墙结构自重

压型钢板自重标准值：

$$N_\mathrm{w} = 1.5 \times 3 \times 1.25 \times 0.0012 \times 7.85 \times 10^3 \times 10 = 529.88\mathrm{N}$$

钢柱自重标准值：

$$N_\mathrm{c} = 40.3 \times 3 \times 10 = 1209\mathrm{N}$$

2）堆料荷载

堆料对隔墙的作用如图 C-14 所示。

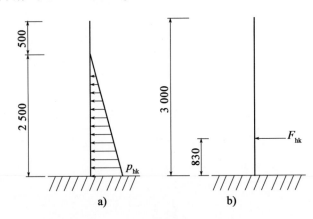

图 C-14 堆料对隔墙的作用（尺寸单位：mm）

堆料作用于隔墙的侧压力系数 k：

$$k = \tan^2\left(45° - \frac{\varphi}{2}\right) = \tan^2\left(45° - \frac{30°}{2}\right) = \tan^2(30°) = \frac{1}{3}$$

堆料作用于隔墙底部的水平压力标准值 p_hk：

$$p_\mathrm{hk} = k\gamma s = \frac{1}{3} \times 16 \times 2.5 = 13.33\ \mathrm{kN/m^2}$$

则作用于隔墙的水平合力标准值 F_hk：

$$F_\mathrm{hk} = \frac{1}{2}p_\mathrm{hk}s = \frac{1}{2} \times 13.33 \times 2.5 = 16.67\mathrm{kN/m}$$

作用点为距离地面 $S_v = \frac{1}{3} \times 2.5 = 0.83\text{m}$ 处。

3）内力计算

取柱距为 $l_c = 1.5\text{m}$，隔墙墙面按简支计算，隔墙底部跨中弯矩标准值：

$$M_k = \frac{p_{hk}l_c^2}{8} = \frac{13.33 \times 1.5^2}{8} = 3.75\text{kN}\cdot\text{m}(每米)$$

支座处剪力标准值：

$$V_k = \frac{1}{2}p_{hk}l_c = \frac{1}{2} \times 13.33 \times 1.5 = 10\text{kN}(每米)$$

2 强度验算

1）抗弯强度验算：

抗弯强度设计值 $f = 205\text{N/mm}^2$。

取隔墙底部 915mm 宽为计算单元，得出跨中梯形弯矩图如图 C-15 所示。

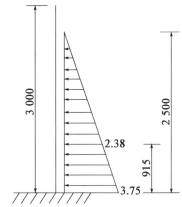

图 C-15 跨中弯矩图（尺寸单位：mm；弯矩单位：kN·m）

则跨中弯矩设计值为：

$$M = \frac{1.4 \times (3.75 + 2.38) \times 0.915}{2} = 3.92\text{kN}\cdot\text{m}$$

$$\sigma = \frac{M}{W} = \frac{3.92 \times 10^6}{0.915 \times 44.70 \times 10^3} = 95.8\text{N/mm}^2 < f = 205\text{N/mm}^2$$

2）抗剪强度验算：

抗剪强度设计值 $f_v = 120\text{N/mm}^2$。

腹板的高宽比：

$$\frac{h}{t} = \frac{76}{1.2} = 63.3 < 100$$

腹板剪切屈曲临界剪应力：

$$\tau_{cr} = \frac{8\,550}{h/t} = \frac{8\,550}{63.3} = 135.1\text{N/mm}^2$$

取隔墙底部 915mm 长为计算单元。得出支座处梯形剪力如图 C-16 所示。

支座剪力：

$$V = \frac{1.4 \times (10 + 6.34) \times 0.915}{2} = 10.46\text{kN}$$

剪力由计算单元的6块腹板承受：

$$\tau = \frac{V}{6h_\text{w}t} = \frac{10.46 \times 10^3}{6 \times 76 \times 1.2} = 19.1\text{N/mm}^2 < f_\text{v} \text{ 和} \tau_\text{cr}$$

3 变形验算

取隔墙底部915mm高为计算单元。得出隔墙压力如图C-17所示。

按两端简支梁计算，梁上均布荷载为：

$$q = \frac{(8.46 + 13.33) \times 0.915}{2} = 9.97\text{kN/m}$$

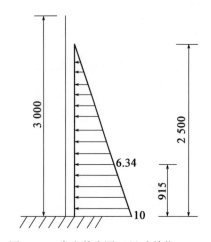
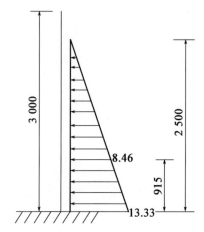

图C-16 支座剪力图（尺寸单位：mm；剪力单位：kN）　　图C-17 隔墙压力图（尺寸单位：mm；荷载单位：kN/m）

最大挠度：

$$f_\text{max} = \frac{5ql_\text{c}^4}{384EI} = \frac{5 \times 9.97 \times 1.5^4 \times 10^{12}}{384 \times 2.06 \times 10^{11} \times 10^{-6} \times 0.915 \times 160.64 \times 10^4} = 2.17\text{mm}$$

挠度与跨度之比：

$$\frac{2.17}{1\,500} = 0.0014 < \frac{1}{200} = 0.005$$

满足要求。

C.4.4 钢柱验算

1 荷载计算

柱底承受弯矩标准值：

$$M_\text{c} = F_{\text{hk}}l_\text{c}S_\text{v} = 16.67 \times 1.5 \times 0.83 = 20.75\text{kN}\cdot\text{m}$$

柱底承受弯矩设计值：

$$M = 1.4M_\text{c} = 1.4 \times 20.75 = 29.05\text{kN}\cdot\text{m}$$

柱底承受剪力标准值：

$$V_c = F_{hk}l_c = 16.67 \times 1.5 = 25.0\text{kN}$$

柱底承受剪力设计值：

$$V = 1.4 \times V_c = 1.4 \times 25 = 35\text{kN}$$

选用 Q345B 的 H 型钢 HW175×175×7.5×11，抗弯强度设计值 $f = 310\text{N/mm}^2$。
柱底承受轴力标准值：

$$N_k = N_w + N_c = 529.88 + 1\,209 = 1\,738.88\text{N}$$

柱底承受轴力设计值：

$$N = 1.2N_k = 1.2 \times 1\,738.8 = 2\,086.66\text{N}$$

2 强度验算

$$\sigma = \frac{N}{A} + \frac{M_c}{\gamma_x W_x} = \frac{2\,086.66}{51.43 \times 100} + \frac{29.05 \times 10^6}{1.05 \times 331 \times 10^3}$$
$$= 84.0\text{N/mm}^2 < f = 310\text{N/mm}^2$$

满足要求。

3 平面内稳定验算

柱高为 3m，则计算长度：

$$l_{0x} = 2 \times 3 = 6\text{m}$$

长细比：

$$\lambda_x = \frac{l_{0x}}{i_x} = \frac{600}{7.5} = 80 < [\lambda] = 150$$

H 型钢对 x 轴为 b 类截面，$\lambda_x\sqrt{\frac{f_y}{235}} = 80 \times \sqrt{\frac{345}{235}} = 97$，查得稳定系数 $\varphi_x = 0.575$。

针对悬臂构件 $\beta_{mx} = 1.0$，塑性发展系数 $\gamma_x = 1.05$。

$$N'_{Ex} = \pi^2 EA/(1.1\lambda_x^2) = \pi^2 \times 2.06 \times 10^{11} \times 51.43/(1.1 \times 80^2)/10^7 = 148\text{kN}$$

$$\frac{N}{\varphi_x A} + \frac{\beta_{mx} \cdot M_x}{\gamma_x W_{1x}\left(1 - 0.8\dfrac{N}{N'_{Ex}}\right)} = \frac{2\,086.66}{0.575 \times 51.43 \times 10^2} +$$

$$\frac{1.0 \times 29.05 \times 10^6}{1.05 \times 331 \times 10^3 \times \left(1 - 0.8 \times \dfrac{2\,086.66}{148 \times 10^3}\right)}$$

$$= 85.2\text{N/mm}^2 \leqslant f = 310\text{N/mm}^2$$

4 平面外稳定验算

柱高为 3m，则计算长度：$l_{0y} = 2 \times 3 = 6\text{m}$。

长细比：

$$\lambda_y = \frac{l_{0y}}{i_y} = \frac{600}{4.37} = 137 < [\lambda] = 150$$

H 型钢对 y 轴为 b 类截面，$\lambda_y\sqrt{\frac{f_y}{235}} = 137 \times \sqrt{\frac{345}{235}} = 166$。

查得受压稳定系数 $\varphi_y = 0.259$。

截面影响系数 $\eta = 1$。

弯矩等效系数 $\beta_{tx} = 1.0$。

受弯稳定系数 $\varphi_b = 1.07 - \dfrac{\lambda_y^2}{44\,000} \times \dfrac{f_y}{235} = 1.07 - \dfrac{137}{44\,000} \times \dfrac{345}{235} = 1.07$

$$\dfrac{N}{\varphi_y A} + \eta \dfrac{\beta_{tx} \cdot M_x}{\varphi_b W_x} = \dfrac{2\,086.66}{0.259 \times 51.43 \times 10^2} + 1 \times \dfrac{1.0 \times 29.05 \times 10^6}{1.07 \times 331 \times 10^3}$$

$$= 83.6 \text{N/mm}^2 \leqslant f = 310.5 \text{N/mm}^2$$

5 柱顶位移验算

作用于柱底的水平分布力标准值：

$$q_c = p_{hk} l_c = 13.33 \times 1.5 = 20 \text{kN/m}$$

查《建筑结构静力计算手册》，得 $a = 2.17$m，$b = 0.83$m，$c = 2.5$m，$d = 0.5$m，$l = 3$m。

则柱顶挠度：

$$f_{co} = \dfrac{q_c}{72EI}\left(18b^2 l - 6b^3 + ac^2 - \dfrac{2c^3}{45}\right)$$

$$= \dfrac{20 \times 2.5 \times 10^3}{72 \times 2.06 \times 10^5 \times 2\,900 \times 10^4} \times$$

$$\left(18 \times 0.83^2 \times 3 - 6 \times 0.83^3 + 2.17 \times 2.5^2 - \dfrac{2 \times 2.5^3}{45}\right) \times 10^9$$

$$= 5.34 \text{mm} < \dfrac{3\,000}{200} = 15 \text{mm}$$

C.4.5 基础设计

基础采用条形基础，混凝土强度为 C30，C30 混凝土受压区等效矩形应力图系数 $\alpha_1 = 1.0$，$f_c = 14.3 \text{N/mm}^2$，$f_t = 1.43 \text{N/mm}^2$；采用 HRB400 钢筋，抗拉强度设计值 $f_y = 360 \text{N/mm}^2$；基础埋深 600mm。

1 地基承载力特征值计算

地基承载力特征值取 $f_{ak} = 120 \text{kPa}$。

基础埋置深度为 0.6m > 0.5m，需对地基承载力特征值进行修正：

$$f_a = f_{ak} + \eta_b \gamma (b - 3) + \eta_d \gamma_m (d - 0.5)$$

$$= 120 + 3.0 \times 18.2 \times (3 - 3) + 4.4 \times 18.2 \times (0.6 - 0.5)$$

$$= 128.0 \text{kPa}$$

2 荷载计算

基础顶面剪力标准值：$V_b = V_c = 25.0 \text{kN}$

基础顶面轴力标准值：$N_b = N_k = 1\,738.88 \text{N}$

3 尺寸确定

根据基础底面平均压力 $p_k \leqslant f_a$，则条形基础宽度：

$$w_b \geqslant \frac{N_b}{(f_a - \gamma_G d) \times l_c} = \frac{1\,738.88}{(128.0 - 20 \times 0.6) \times 1.5} = 10.0\text{mm}$$

根据基础受剪承载力验算公式：

$$V_s \leqslant 0.7\beta_{hs} f_t A_0$$

基础有效高度：

$$h_0 \geqslant \frac{V_b}{0.7\beta_{hs} f_t} = \frac{25}{0.7 \times 1 \times 1.43} = 25.0\text{mm}$$

因此实际取基础高 $h = 500\text{mm}$，则 $h_0 = 455\text{mm}$，宽 $w_b = 1\,400\text{mm}$，垫层厚度为 100mm，每边伸出基础 100mm（图 C-18）。

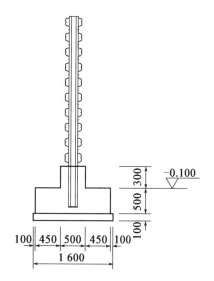

图 C-18 基础尺寸图（尺寸单位：mm；高程单位：m）

基础上部堆料自重标准值为（考虑单侧堆料）：

$$G_{sk} = \gamma s l_c \frac{w_b - t}{2} = 16 \times 2.5 \times 1.5 \times \frac{1.4 - 0.076}{2} = 39.72\text{kN}$$

基础自重标准值为：

$$G_{bk} = 20 \times 1.4 \times 1.5 \times 0.6 = 25.2\text{kN}$$

偏心距为：

$$e = \frac{M_k}{G_k} = \frac{25 \times (0.83 + 0.6) - 39.72 \times \left(\frac{1.4 - 0.175}{4} + \frac{0.175}{2}\right)}{1.738 + 39.72 + 25.2}$$

$$= 0.30\text{m} > \frac{b}{6} = \frac{1.4}{6} = 0.23\text{m}$$

偏心荷载作用时还需验算 $p_{k\max} \leqslant 1.2 f_a$。

基础与其上部荷载合力作用点距基础底面最大压力边缘的距离：
$$a = 0.937\text{m}$$

$$p_{k\max} = \frac{2(N_b + G_{sk} + G_{bk})}{3l_c a} = \frac{2 \times (1.738 + 39.72 + 25.2)}{3 \times 1.5 \times 0.937}$$
$$= 31.6\text{kPa} < 1.2f_a = 1.2 \times 128.0 = 153\text{kPa}$$

满足要求。

地基土净反力设计值：
$$F_1 = 1.2 \times (N_b + G_{sk}) = 1.2 \times (1.738 + 39.72) = 49.75\text{kN}$$

基础高度 $h = 500\text{mm} > 450\text{mm}$，则冲切破坏锥体没有落在基础底面以内，则无须验算受冲切承载力。

4 配筋计算

受偏心荷载作用时，基础底面边缘的最大压力值：

$$p_{\max} = 1.2 \times \frac{N_b + G_{sk} + G_{bk}}{A} + 1.4 \times \frac{V_b \cdot (S_v + d) - G_{sk} \cdot x_G}{\dfrac{bw_b^2}{6}}$$

$$= 1.2 \times \frac{1.738 + 39.72 + 25.2}{1.4 \times 1.5} + 1.4 \times$$

$$\frac{25 \times (0.83 + 0.6) - 39.72 \times \left(\dfrac{1.4 - 0.175}{4} + \dfrac{0.175}{2}\right)}{\dfrac{1.5 \times 1.4^2}{6}} = 95.5\text{kPa}$$

相应地，基础底面边缘的最小压力值：

$$p_{\min} = 1.2 \times \frac{N_b + G_{sk} + G_{bk}}{A} - 1.4 \times \frac{V_b \cdot (S_v + d) - G_{sk} \cdot x_G}{\dfrac{bw_b^2}{6}}$$

$$= 1.2 \times \frac{1.738 + 39.72 + 25.2}{1.4 \times 1.5} - 1.4 \times$$

$$\frac{25 \times (0.83 + 0.6) - 39.72 \times \left(\dfrac{1.4 - 0.175}{4} + \dfrac{0.175}{2}\right)}{\dfrac{1.5 \times 1.4^2}{6}} = -19.4\text{kPa}$$

墙根部的压力值：

$$p = p_{\max} - \frac{p_{\max} - p_{\min}}{w_b}b_1 = 95.5 - \frac{95.5 - (-19.4)}{1.4} \times 0.450$$
$$= 58.6\text{kPa}(\text{墙根部})$$

基础最大弯矩值：

$$M = \frac{1}{6}b_1^2\left(2p_{\max} + p - \frac{3 \times 1.2G_{bk}}{A}\right)$$

$$= \frac{1}{6} \times 0.450^2 \times \left(2 \times 95.5 + 58.6 - \frac{3 \times 1.2 \times 25.2}{1.4 \times 1.5}\right)$$

$$= 7.0 \text{kN} \cdot \text{m}$$

钢筋最小面积：

$$A_s = \frac{M}{0.9 f_y h_0} = \frac{7.0 \times 10^6}{0.9 \times 360 \times 455} = 47.2 \text{mm}^2$$

最小配筋率：

$$\rho_{\min} = \max\left\{0.2\%, 0.45 \frac{f_t}{f_y}\right\} = \max\left\{0.2\%, 0.45 \times \frac{1.43}{360}\right\} = 0.2\%$$

实际横向配筋取$\Phi 20@200$，每米钢筋总面积为$A_{s1} = 1\,570 \text{mm}^2$。

横向钢筋配筋率：

$$\rho = \frac{A_{s1}}{b h_0} = \frac{1\,570}{1\,000 \times 455} = 0.35\% \geqslant \rho_{\min} \frac{h}{h_0} = 0.2\% \times \frac{400}{335} = 0.24\%$$

纵向配筋取$\Phi 20@250$，每米钢筋总面积为$A_{s2} = 1\,256 \text{mm}^2$

纵向钢筋配筋率：

$$\rho = \frac{A_{s2}}{b h_0} = \frac{1\,256}{1\,000 \times 455} = 0.28\% \geqslant \rho_{\min} \frac{h}{h_0} = 0.2\% \times \frac{400}{335} = 0.24\%$$

满足要求。

5 柱脚设计

钢柱插入最小深度：

$$d_{\min} = 1.5 h_c = 1.5 \times 160 = 240 \text{mm}$$

取柱脚插入深度：

$$d = 650 \text{mm}$$

柱截面翼缘宽度：

$$b_f = 88 \text{mm}$$

柱底剪力设计值：

$$V = 1.4 V_c = 1.4 \times 25 = 35 \text{kN}$$

柱底弯矩设计值：

$$M = 1.4 \times M_c = 1.4 \times 20.75 = 29.05 \text{kN}$$

$$\frac{V}{b_f d} + \frac{2M}{b_f d^2} + \frac{1}{2}\sqrt{\left(\frac{2V}{b_f d} + \frac{4M}{b_f d^2}\right)^2 + \frac{4V^2}{b_f^2 d^2}} = \frac{35}{88 \times 650} + \frac{2 \times 29.05}{88 \times 650^2} + \frac{1}{2} \times$$

$$\sqrt{\left(\frac{2 \times 25 \times 1.4}{88 \times 650} + \frac{4 \times 20.75 \times 1.4}{88 \times 650^2}\right)^2 + \frac{4 \times (25 \times 1.4)^2}{88^2 \times 650^2}}$$

$$= 1.5 \text{N/mm}^2 \leqslant f_c = 14.3 \text{N/mm}^2$$

同时设置柱底封口板厚度为10mm。

6 稳定验算

计算简图（图 C-19）。

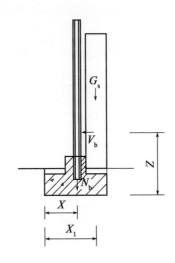

图 C-19 基础稳定验算图

基础顶面剪力设计值：
$$V_b = 1V_c = 1 \times 25 = 25.0 \text{kN}$$

基础顶面轴力设计值：
$$N_b = 1N = 1 \times 2\,086.66 = 2\,086.66 \text{N}$$

基础与基础顶面土体重力设计值为：
$$G_b = 1\gamma' h w_b l_c = 1 \times 20 \times 0.6 \times 1.4 \times 1.5 = 25.2 \text{kN}$$

堆料自重设计值为：
$$G_s = 1G_{sk} = 39.72 \text{kN}$$

抗倾覆稳定验算：
$$K_t = \frac{N_b x + G_b x + G_s x_1}{V_b z} = \frac{2.087 \times 0.7 + 25.2 \times 0.7 + 39.72 \times 0.93}{25 \times (0.83 + 0.1 + 0.5)}$$
$$= 1.57 \geqslant K_{ov} = 1.5$$

抗滑移稳定验算：
$$K_c = \frac{f(N_b + G_b + G_s)}{V_b} = \frac{0.5 \times (2.087 + 25.2 + 39.72)}{25} = 1.34 > 1.3$$

以上稳定验算均满足要求。

附录 D "两区三厂"使用前验收表

表 D-1 生活区、办公区验收表

项目名称			施工单位	
监理单位			建设单位	
工程部位			验收时间	
序号	验收项目	验收内容及要求		验收结果
1	活动板房面板材料	应有产品合格证、出厂检验报告，生产厂家应具备相应资质		
		外观、几何尺寸应符合要求		
		金属面夹芯板的燃烧性能等级应为 A 级		
2	基础	地基承载力不应小于 80kPa		
		基础形式、构造、尺寸应符合设计要求		
		基础混凝土强度等级不应小于 C20		
3	安全距离	食堂、厨房与厕所、垃圾站、有害场所等污染源距离不小于 20m，与办公、生活用房距离不小于 10m		
		驻地与油库安全距离不小于 60m		
		驻地应避开高空作业坠物的危险半径，离集中爆破区、化学危险品存放区 500m 以外，距离省级以上道路不小于 20m，距离铁路行车线不小于 30m，与周围林地保持 4m 以上的防火距离		
		"两区"宜设置在大型设施设备倾覆半径的 1.5 倍范围之外，与高压线路（水平距离不小于 8.5m）、通信线路和高大树木保持一定安全距离		
		班组驻地与钢筋加工厂的安全距离不应小厂房倾覆半径的 1.5 倍		
		班组驻地与沥青熬制作业区的安全距离不小于 10m		
		班组驻地与拌和厂罐体距离不小于罐体倾覆半径的 1.5 倍		
		班组驻地与制、存梁作业区安全距离不小于 20m，与运梁通道安全距离不小于 10m，与架梁作业区安全距离不小于 15m		
		班组驻地与隧道洞口周边安全距离不小于 20m，与隧道洞口正对面安全距离不小于 300m，与路基填方段、软弱地质挖方段安全距离不小于 10m		

续表 D-1

序　号	验收项目	验收内容及要求	验收结果
4	消防	每 100m² 配备手提式 4kg 干粉灭火器不少于 2 具或依据火灾类别设置相应的灭火器，并在适当位置设消防水泵一台、不小于 20m³ 消防水池一个，以及 2m³ 的消防砂池一个	
		厨房、食堂、会议室、集中办公室等各配备手提式 4kg 干粉灭火器不少于 2 具	
		疏散楼梯、安全通道应保持通畅，消防车道净宽和净高均不应小于 4m	
5	用电	严格遵照 TN-S 接零保护系统，做到"三级配电、两级保护"和"动照分设"	
		外电防护：1kV 以下最小安全操作距离为 4m，1～10kV 最小安全操作距离为 6m，35～110kV 最小安全操作距离为 8m	
		开关箱实行"一机一闸一漏一保一箱一锁"制，开关箱与固定用电设备距离不大于 3m，室内各处接头必须用分线盒保护	
		照明线路及灯具距地面不能小于规定距离（室外 220V 灯具距地面不得低于 3m，室内 220V 灯具距离地面不得低于 2.5m）；严禁使用碘钨灯；电线绝缘良好，无老化、破皮、漏电现象	
6	防雷	防雷装置必须由具有相应资质的单位安装并出具检测合格报告	
		防雷装置的接闪器（避雷针）应设置于其最顶端，接地装置宜采用镀锌圆钢、焊接钢管或扁铁	
7	防风	在台风及戈壁地区，活动板房应按单层设置	
		活动板房应与缆风绳锚固牢靠	
		缆风绳强度及基础锚固力应符合设计要求	
		缆风绳与地面的夹角宜为 30°，最大不宜超过 45°	
验收意见及签名	施工单位	自检意见： 单位名称（公章）： 日期：	
	监理单位	验收意见： 签名： 日期：	

"两区三厂"使用前验收表

表 D-2　钢筋加工厂验收表

项目名称				施工单位	
监理单位				建设单位	
工程部位				验收时间	

序　号	验 收 项 目	验 收 内 容 及 要 求			验收结果
1	原材料	应有产品合格证、出厂检验报告、外委检测合格证、产品标识和标牌			
		生产厂家应具备相应资质			
		表面无颜色异常、锈蚀及污染严重或不得出现裂纹、折叠、结疤、夹渣等现象			
		品种、规格、性能等均应符合现行国家产品标准和设计要求			
2	基础	厂房、门式起重机轨道基础地基承载力、结构尺寸、埋置深度应符合设计要求			
		厂房基础宜采用独立基础，基础混凝土强度等级不应小于C25			
		门式起重机轨道基础宜采用条形基础，基础混凝土强度等级不应小于C30			
3	钢结构厂房关键连接部位	基础、立柱与横梁	螺栓连接	螺栓紧固后外露丝扣数量不少于2个	
				不得有间隙、松动等未拧紧情况	
		基础、立柱与桁架	焊接	焊缝应满焊，线型平顺	
				焊缝表面无裂纹、焊瘤、气孔、夹渣等	
				采用超声波或射线探伤进行内部缺陷检验应符合规定要求	
				焊缝尺寸允许偏差应符合规定要求	
4	门式起重机	轨道宜采用钢压板式固定			
		同一截面内两平行轨道标高的相对差不应大于5mm；接头采用鱼尾板连接时，轨道接头高低差及侧向错位不应大于1mm，间隙不应大于2mm			
		50t以下门式起重机行驶速度不得大于20m/min，重载运行时不得大于5m/min			
		轨道原则上不得设置在曲线上，特殊条件下曲线半径的矢跨比不得大于1/2 000，并设置相应的转向和同步装置			

续表 D-2

序 号	验收项目	验收内容及要求	验收结果
4	门式起重机	应设置轨道地基不均匀沉降水平仪、视频监控系统、扫轨器、行走限位器、吊钩防脱钩装置、防冲撞缓冲器、行车轨道车挡等安全装置	
		钢丝绳不应出现拧扭死结、断股及绳芯挤出等现象,表面磨损或腐蚀程度应小于表面钢丝直径的40%	
5	安全距离	厂区内氧气瓶、乙炔瓶与明火之间的安全距离均不小于10m,氧气瓶与乙炔瓶之间的安全距离不小于5m	
6	消防	动火区按每50m^2设置手提式4kg干粉灭火器2具或依据火灾类别设置相应的灭火器	
7	用电	严格遵照TN-S接零保护系统,做到"三级配电、两级保护"和"动照分设"	
		使用总配电箱、分配电箱、开关箱三级配电,开关箱实行"一机一闸一漏一保一箱一锁"制,开关箱与固定用电设备距离不大于3m	
		用电设备不带电的金属外壳和配电箱体与PE线做电气连接,工作接地≤4Ω,重复接地≤10Ω	
8	防雷	防雷装置必须由有相应资质的单位安装并出具检测合格报告	
		机械设备的防雷引下线宜采用镀锌圆钢、焊接钢管或扁铁	
		门式起重机行走轨道应进行避雷接地,避雷接地电阻值不大于4Ω	
9	防风	大风雷雨天气,厂房应与缆风绳锚固牢靠	
		缆风绳强度及基础锚固力应符合设计要求	
		缆风绳与地面的夹角宜为30°,最大不宜超过45°	
验收意见及签名	施工单位	自检意见: 单位名称(公章): 日期:	
	监理单位	验收意见: 签名: 日期:	

表 D-3 拌和厂验收表

项目名称				施工单位	
监理单位				建设单位	
工程部位				验收时间	
序号	验收项目			验收内容及要求	验收结果
1	基础			罐体基础地基承载力应符合设计要求	
				罐体基础宜采用整体板式基础，当地基土为软弱土层时，宜采用桩基础	
				料仓隔墙基础宜采用条形基础	
				罐体、料仓隔墙基础结构尺寸、埋置深度应符合设计要求，基础混凝土强度等级不应小于C25	
2	罐体关键连接部位	基础与支腿	焊接	焊缝应满焊，线型平顺	
				焊缝表面无裂纹、焊瘤、气孔、夹渣等	
				采用超声波或射线探伤进行内部缺陷检验应符合规定要求	
				焊缝尺寸允许偏差应符合规定要求	
		支腿与支腿	螺栓连接	螺栓紧固后外露丝扣数量不少于2个	
				螺栓正反相扣	
				不得有间隙、松动等未拧紧情况	
3	消防			拌和楼及控制室各配备手提式4kg干粉灭火器不少于1具或依据火灾类别设置相应的灭火器	
				沥青罐区、导热油炉、油料存储区各配置推车式35kg干粉灭火器不少于2台，手提式4kg干粉灭火器不少于4具，并在拌和楼区域设置一个2m³消防砂池及2把消防铲	
				发电机房、变配电房各配备手提式4kg干粉灭火器不少于2具	
				油库配备推车式35kg干粉灭火器不少于1台，手提式4kg干粉灭火器不少于4具，并配备一个2m³消防砂池，留有消防通道	

续表 D-3

序 号	验 收 项 目	验收内容及要求	验收结果
4	用电	严格遵照 TN-S 接零保护系统，做到"三级配电、两级保护"和"动照分设"	
		使用总配电箱、分配电箱、开关箱三级配电，开关箱实行"一机一闸一漏一保一箱一锁"制，开关箱与固定用电设备距离不大于 3m	
		用电设备不带电的金属外壳和配电箱体与 PE 线做电气连接，工作接地≤4Ω，重复接地≤10Ω	
5	安全防护	拌和楼及罐体基座处应设置防撞墩	
		料仓墙体的强度和稳定性应满足要求，外围应设置警戒区，警戒区宽度不宜小于墙高的 2 倍	
6	防雷	防雷装置必须由有相应资质的单位安装并出具检测合格报告	
		防雷装置的接闪器（避雷针）应设置于其最顶端，罐体的防雷引下线宜采用镀锌圆钢、焊接钢管或扁铁	
7	防风	大风雷雨天气，罐体应与缆风绳锚固牢靠	
		缆风绳强度及基础锚固力应符合设计要求	
		缆风绳与地面的夹角宜为 60°，最小不宜小于 45°	
验收意见及签名	施工单位	自检意见： 单位名称（公章）： 日期：	
	监理单位	验收意见： 签名： 日期：	

表 D-4　预制厂验收表

项目名称				施工单位	
监理单位				建设单位	
工程部位				验收时间	
序号	验收项目		验收内容及要求		验收结果
1	基础		制梁、存梁台座、门式起重机轨道地基承载力应符合设计要求		
			制梁、存梁台座、门式起重机轨道基础结构尺寸、埋置深度应符合设计要求		
			小型预制构件厂房基础宜采用独立基础，混凝土强度等级不应小于C25		
			门式起重机轨道基础宜采用条形基础，混凝土强度等级不应小于C30		
2	门式起重机		轨道宜采用钢压板式固定		
			同一截面内两平行轨道标高的相对差不应大于5mm；接头采用鱼尾板连接时，轨道接头高低差及侧向错位不应大1mm，间隙不应大于2mm		
			50t以下门式起重机行驶速度不得大于20m/min，50t及以上门式起重机行驶速度不得大于15m/min，重载运行时不得大于5m/min		
			轨道原则上不得设置在曲线上，特殊条件下曲线半径的矢跨比不得大于1/2 000，并设置相应的转向和同步装置		
			应设置轨道地基不均匀沉降水平仪、视频监控系统、扫轨器、行走限位器、吊钩防脱钩装置、防冲撞缓冲器、行车轨道车挡等安全装置		
			钢丝绳不应出现拧扭死结、断股及绳芯挤出等现象，表面磨损或腐蚀程度应小于表面钢丝直径的40%		
3	安全距离		氧气瓶、乙炔瓶临时存放防晒屋棚之间的安全距离不小于20m		
4	消防		临时动火作业场所配备手提式4kg干粉灭火器不少于1具或依据火灾类别设置相应的灭火器		
			配电箱处配备手提式4kg干粉灭火器不少于2具		
5	用电		严格遵照TN-S接零保护系统，做到"三级配电、两级保护"和"动照分设"		
			使用总配电箱、分配电箱、开关箱三级配电，开关箱实行"一机一闸一漏一保一箱一锁"制，开关箱与固定用电设备距离不大于3m		

续表 D-4

序 号	验收项目	验收内容及要求	验收结果
5	用电	用电设备不带电的金属外壳和配电箱体与 PE 线做电气连接，工作接地≤4Ω，重复接地≤10Ω	
		纵向线路应架空设置，横向线路应设置电缆槽	
6	安全防护	张拉隔离挡板宜采用钢板焊接，挡板底部与梁底平齐，上部高出梁面不少于30cm	
		挡板正面应设置标准张拉安全操作规程和安全警示标识	
7	防雷	防雷装置必须由有相应资质的单位安装并出具检测合格报告	
		门式起重机行走轨道应进行避雷接地，避雷接地电阻值不大于4Ω	
		防雷装置的接闪器（避雷针）应设置于其最顶端，接地装置宜采用镀锌圆钢、焊接钢管或扁铁	
8	防风	大风雷雨天气，罐体应与缆风绳锚固牢靠	
		缆风绳强度及基础锚固力应符合设计要求	
		缆风绳与地面的夹角宜为30°，最大不宜超过45°	
验收意见及签名	施工单位	自检意见： 单位名称（公章）： 日期：	
	监理单位	验收意见： 签名： 日期：	

附录 E "两区三厂"定期检查表

表 E-1 "两区三厂"定期检查表

项目名称			施工单位	
监理单位			其他单位	
工程部位			检查时间	
序 号	检查项目	检查内容		检查结果
1	周边环境	发生极端恶劣天气后,"两区三厂"周围边坡稳定性、排水沟的损毁情况等		
2	生活区、办公区	厨房煤气罐正常使用情况、灭火器的失效情况,消防通道是否畅通		
		电箱实行"一机一闸一漏一保一箱一锁"制,开关箱与固定用电设备距离不大于3m;严禁使用大功率用电设备;电线绝缘良好,无老化、破皮、漏电现象		
		防雷装置的接地电阻值		
		缆风绳与活动板房应锚固牢靠、与地面夹角符合规范要求、缆风绳破损情况		
3	钢筋加工厂	厂房主体结构的稳定性、关键连接部位有无裂缝、螺栓松动、缺失等情况		
		氧气瓶与乙炔瓶的安全距离,氧气瓶、乙炔瓶与明火的安全距离		
		门式起重机轨道地基不均匀沉降、轨道变形及压板螺栓有无松动情况;轨道接头高低差及侧向错位偏差;扫轨器、行走限位器、行车轨道车挡等安全设施正常使用情况;钢丝绳端部的固定连接、平衡滑轮、表面损伤、腐蚀等情况		
		灭火器的失效情况		
		电箱实行"一机一闸一漏一保一箱一锁"制,开关箱与固定用电设备距离不大于3m;电线绝缘良好,无老化、破皮、漏电现象		
		防雷装置的接地电阻值		
		缆风绳与活动板房应锚固牢靠、与地面夹角符合规范要求;缆风绳破损情况		
4	拌和厂	储料仓主体结构的稳定性、关键连接部位有无裂缝、螺栓松动、缺失等情况		
		罐体关键连接部位,有无螺栓松动、缺失、焊缝出现裂缝等情况		

续表 E-1

序 号	检查项目	检查内容	检查结果
4	拌和厂	料仓隔墙基础有无下沉，隔墙开裂及有无倒塌危险，外围警戒区的安全防护设施的正常使用情况	
		拌和楼及罐体基座处防撞墩的摆放位置、稳固情况	
		灭火器的失效情况	
		电箱实行"一机一闸一漏一保一箱一锁"制，开关箱与固定用电设备距离不大于3m；电线绝缘良好，无老化、破皮、漏电现象	
		防雷装置的接地电阻值	
		缆风绳与活动板房应锚固牢靠、与地面夹角符合规范要求、缆风绳破损情况	
5	预制厂	制梁、存梁台座基础地基不均匀沉降情况	
		门式起重机轨道地基不均匀沉降、轨道变形及压板螺栓有无松动情况；轨道接头高低差及侧向错位；扫轨器、行走限位器、行车轨道车挡等安全设施正常使用情况；钢丝绳端部的固定连接、平衡滑轮、表面损伤、腐蚀等情况	
		张拉隔离挡板正常使用情况	
		氧气瓶与乙炔瓶的安全距离，氧气瓶、乙炔瓶与明火的安全距离	
		灭火器的失效情况	
		电箱实行"一机一闸一漏一保一箱一锁"制，开关箱与固定用电设备距离不大于3m；电线绝缘良好，无老化、破皮、漏电现象	
		防雷装置的接地电阻值	
		缆风绳与活动板房应锚固牢靠、与地面夹角符合规范要求、缆风绳破损情况	
6	其他	警示标志标牌、指示标志标牌、操作规程牌的设置情况	
		防、排水系统是否通畅，有无损坏	
		特种作业人员持证上岗情况	
		液化天然气站防雷、防静电设施	
		液化天然气站压力、温度、浓度监测设施及报警装置	
		液化天然气站消防设施	
检查意见及签名	（检查单位）	检查意见： 签名： 日期：	